O Estado-Juiz na Democracia Contemporânea
Uma Perspectiva Procedimentalista

1379

Coleção **Estado e Constituição**

Organizadores
José Luis Bolzan de Morais
Lenio Luiz Streck

Conselho Editorial
José Luis Bolzan de Morais
Lenio Luiz Streck
Rogério Gesta Leal
Leonel Severo Rocha
Ingo Wolfgang Sarlet
André Copetti

Conselho Consultivo
Andre-Jean Arnaud
Wanda Maria de Lemos Capeller
Jorge Miranda
Michele Carducci

L435e   Leal, Rogério Gesta
       O Estado-Juiz na democracia contemporânea: uma
perspectiva procedimentalista / Rogério Gesta Leal. –
Porto Alegre: Livraria do Advogado Ed., 2007.
       104 p.; 21 cm. – (Estado e Constituição; 7)

       ISBN 978-85-7348-465-6

       1. Poder Judiciário. 2. Constituição. 3. Política pú-
blica. I. Título.

CDU - 342

Índices para o catálogo sistemático

Constituição
Política pública
Poder Judiciário

(Bibliotecária responsável: Marta Roberto, CRB-10/652)

Estado e Constituição – 7

ROGÉRIO GESTA LEAL

O ESTADO-JUIZ NA DEMOCRACIA CONTEMPORÂNEA
UMA PERSPECTIVA PROCEDIMENTALISTA

livraria
DO ADVOGADO
editora

Porto Alegre, 2007

© Rogério Gesta Leal, 2007

Capa, projeto gráfico e diagramação
Livraria do Advogado Editora

Revisão
Rosane Marques Borba

Direitos desta edição reservados por
Livraria do Advogado Editora Ltda.
Rua Riachuelo, 1338
90010-273 Porto Alegre RS
Fone/fax: 0800-51-7522
editora@livrariadoadvogado.com.br
www.doadvogado.com.br

Impresso no Brasil / Printed in Brazil

Notas inaugurais

A coleção "Estado e Constituição", na senda das discussões que tem propiciado, desde seu primeiro número, traz, agora, à público, o trabalho de Rogério Gesta Leal, professor da UNISC/UNESA, pesquisador e Desembargador do TJRS. A temática objeto da análise do colega e amigo vem ao encontro de um dos temas que mais tem preocupado a Teoria Jurídico-Constitucional contemporaneamente, sobretudo diante do ganho de importância das Cortes Constitucionais, sobretudo no Segundo Pós-Guerra.

No contexto de profunda crise das instituições político-jurídicas modernas e, em particular, do desfazimento das "certezas" erigidas entorno ao Estado Social tem-se observado um aumento quantitativo e qualitativo das demandas, especialmente no que se refere à concretização das promessas modernas do Estado Social.

Ora, de um lado, o processo de democratização da sociedade permitiu uma maior participação dos cidadãos e um mais amplo acesso às estruturas decisórias características do Estado, o Poder Judiciário ocupando o centro de tudo. Por outro, o descompasso entre as promessas constitucionais e a dificuldade de sua realização prática faz com que a insatisfação social busque no judiciário o esteio para as garantias não concretizadas.

Ainda, o rearranjo das interações no âmbito de um Terceiro Capitalismo, cujo eixo central encontra-se no jogo financeiro, faz com que este descompasso torne-se mais candente, forjando um profundo descontentamento diante das redefinições que este promove e impõe.

Portanto, o debate acerca das relações entre decisão democrática e decisão jurisdicional, entre governo e garantia é daqueles que merece ser tratado permanentemente, até mesmo para que possamos ter presente as diversas possibilidades de tratamento que são apresentadas. Sem certezas...

É isto que traz Rogerio Leal, desde sua postura habermasiana, a qual, apesar das críticas e limites, tem ganho espaço significativo na reflexão contemporânea.

Sem assumirmos tal postura, o que pretendemos é pô-la à debate no universo do que é a intencionalidade desta coleção e que nos oportuniza a Livraria do Advogado Editora.

Boa leitura e até a próxima.

José Luis Bolzan de Morais

Doutor em Direito do Estado - UFSC
Pós-Doutoramento - Univ. de Coimbra

Sumário

Intodução 9

Capítulo 1 – Aspectos exploratórios da natureza política do Poder Judiciário democrático no Brasil 11
1.1. Notas introdutórias 11
1.2. Perspectivas formativas do Poder Judiciário brasileiro . 11
1.3. A natureza política da Jurisdição no Estado Democrático de Direito 26
1.4. Conclusões 28

Capítulo 2 – As potencialidades lesivas à democracia de uma jurisdição constitucional interventiva 35
2.1. Notas introdutórias 35
2.2. A necessária revisão do perfil formativo e operativo das instituições públicas no âmbito da democracia contemporânea 36
2.3. A perspectiva jurídico-constitucional da democracia contemporânea: variáveis históricas 42
2.4. Matrizes reflexivas habermasianas sobre os limites de ação do Poder Judiciário na democracia contemporânea 54
2.5. O Sistema Jurídico como correia de transmissão de valores e sua efetivação 63
2.6. A questão da jurisdição constitucional em Habermas . 72
2.7. Conclusões 91

Bibliografia 99

Introdução

O presente trabalho é o resultado de pesquisas desenvolvidas nos últimos dois anos envolvendo o candente tema dos desafios da Jurisdição e do Poder Judiciário no Brasil neste século XXI. Este texto, assim, é o resultado parcial destas pesquisas, as quais contaram com o apoio institucional da Universidade de Santa Cruz do Sul, onde sou professor titular e pesquisador do Programa de Mestrado em Direitos Sociais e Políticas Públicas, e da Universidade Estácio de Sá, do Rio de Janeiro, na qual contribuo junto ao Programa de Mestrado em Direito. De igual sorte, gostaria de registrar meus agradecimentos à Fundação de Amparo à Pesquisa do Rio Grande do Sul – FAPERGS –, em face de ter concedido uma bolsa de iniciação científica, utilizada também neste projeto.

Em face da original idéia do Prof. Dr. José Luis Bolzan de Morais e da Livraria e Editora do Advogado em criarem uma coleção literária à discussão das questões que envolvem o Estado, a Sociedade e a Democracia Brasileiras, aceitei o honroso convite para publicar este trabalho, até porque ele vai na mesma senda da proposta matricial daquela iniciativa.

Por certo que minha pretensão aqui é tão-somente contribuir para o debate sobre quais os desafios que estão se impondo à Jurisdição e ao Poder Judiciário como um todo nos umbrais deste novo século, num primeiro momento problematizando este tema a partir da avaliação sobre o perfil formativo da natureza política e social do Poder Judiciário no Brasil, após o que proponho uma reflexão teórica fundada no pensamento de Jürgen Habermas sobre os limites desta Jurisdição e deste Poder, em face das regras do jogo democrático estabelecido pela ordem constitucional.

Uma boa leitura a todos.

Capítulo 1

Aspectos exploratórios da natureza política do Poder Judiciário democrático no Brasil

1.1. Notas introdutórias

Pretendo avaliar, neste tópico, a natureza política da instituição Poder Judiciário e suas declinações sociais e históricas, tão-somente no intento de compreender melhor quais suas matrizes formativas no país e de que maneira elas contribuem à adoção de determinados comportamentos individuais e corporativos dos seus agentes.

1.2. Perspectivas formativas do Poder Judiciário brasileiro

Sempre que se fala em Poder Judiciário vem à tona o questionamento do que significa este Poder no âmbito de relações institucionais que envolvem tão diferentes atores políticos como a Sociedade, o Mercado e o próprio Estado.

Junto com Max Weber, quero trabalhar aqui com uma noção de Poder mais sociológica do que filosófica ou política (sem deixar de reconhecer que, na verdade, os diferentes matizes de categorias a serem utilizadas para tal fim inexoravelmente são perpassadas pelo viés não tão central da filosofia e da política). Assim, a expressão *Poder significa a possibilidade de impor a própria vontade, dentro de uma relação social, ainda que contra qualquer resistência, e qualquer que seja o fundamento dessa possibilidade.*[1]

De sorte que, para que uma tal imposição de vontade possa subsistir, é mister que os homens se submetam à autoridade dos que se impõem em cada caso. Todavia, *quando e porque o façam, só se pode compreender quando se conhecem os motivos internos de justificação e os meios externos nos quais a dominação se apoia.*[2]

Quanto ao fundamento da obediência em face da imposição da vontade, Weber busca organizar uma tipologia das fontes de legitimidade, a saber, o que ele denomina de motivos de *legitimidade* de uma dominação, em sua obra descritos como historicamente três: (a) a autoridade do "passado", do *costume* consagrado pela validade imemorial e pela atitude habitual de sua observância (chamada de dominação "tradicional"), tal como exerceram o patriarca e o príncipe patrimonial de todos os tipos; (b) a autoridade do *dom da graça* pessoal extraordinário (carisma), ou seja, a devoção totalmente pessoal e a confiança pessoal em revelações, heroísmo e outras qualidades de caudílio do indivíduo (dominação "carismática'), tal como a exercem o profeta ou – no terreno político – o demagogo e chefe político de um partido; (c) finalmente, a dominação em virtude da "legalidade", ou seja, em virtude da crença na validade de um *estatuto* legal e da "competência" objetiva fundada em regras racionalmente criadas (disposição de obediência no cumprimento de deveres conforme o estatuto), descrevendo aqui o típico modelo de organização Estatal moderna.[3]

Por tais razões, Weber condiciona a submissão ao Poder, em termos de evolver da natureza humana, a três conhecidos tipos ideais puros de dominação: (1) a *tradi-*

---

[1] WEBER, Max. *Dominação*. In F. H. Cardoso e C. E. Martins (orgs.) *Política e Sociedade*, vol. 1, São Paulo: Nacional, 1983, p. 17.

[2] WEBER, Max. La institución estatal racional y los partidos políticos y parlamentos modernos. In *Economia y Sociedad*. México: Fondo de Cultura Económica, 1969, vol. II, Capítulo IX, ítem IX, p. 1057. Tradução nossa.

[3] Idem, p. 1058.

cional, caracterizada pela crença na tradição e na autoridade tradicional; (2) a *carismática*, caracterizada pela crença numa pessoa e na autoridade carismática desta pessoa; e (3) a *racional-legal*, caracterizada pela legalidade e pela autoridade legal.

A *dominação tradicional* se especifica por encontrar legitimidade na validade das ordenações e poderes de mando herdadas pela tradição, em que, na verdade, os dominados não são membros de uma associação, mas súditos do senhor. Neste tipo de relação de dominação e subordinação, as relações de poder se dão em face da fidelidade pessoal dos dominados em relação ao dominador, ou seja, não se está observando uma ordem estatuída, mas aquilo que a pessoa delegada pela tradição determina como certo e justo.

A *dominação carismática*, por sua vez, tem na obediência dos dominados uma serviência ao carisma daquele que detém o poder estabelecido, em face da qualidade extraordinária da personalidade mágica que identifica aquele que personifica o Poder. Assim, a relação de dominação se dá em face da obediência ao líder enquanto portador de carisma, o que não demanda necessariamente qualquer tipo de hierarquia, regras ou competências administrativas para o exercício do Poder, uma vez que ele se encontra justificado a partir de questões e elementos exógenos ao seu exercício.

A *dominação racional-legal*, por sua vez, já conta com um certo grau de justificação e fundamentação do Poder exercido, que se localiza, exatamente, no direito estatuído de modo racional, com pretensão de ser respeitado pelos membros da associação. Este plexo normativo vai delimitar, ao menos genericamente, as possibilidades do exercício do Poder, imprimindo-lhe caracteres e feições racionais tendo como parâmetro validativo a norma legal. Aqui, há uma dominação e exercício do poder de forma impessoal, pois, quem obedece, não o faz em relação à pessoa do soberano, mas em face do direito e na condição de membro de uma associação.

Por tais razões é que, na modernidade, o exercício do poder e da autoridade racional dependem de estruturas administrativo-burocráticas impessoais, hierarquizadas e profissionais.[4]

Assim é que, a partir deste último modelo de dominação e poder, todo e qualquer ato de imposição de vontade se baseia no pressuposto e condição de que, "os indivíduos que obedecem o fazem, em média, porque consideram obrigatória, também subjetivamente, a relação de dominação. (...) Enquanto isso acontece, em média ou aproximadamente, a dominação baseia-se no consenso da legitimidade".[5]

Com base nesta perspectiva de Poder racional é que a Idade Moderna gerou um contingente enorme de pautas reflexivas, filosóficas, políticas e pragmáticas de experiências no âmbito da gestão dos interesses públicos e privados, notadamente em termos de modelos governamentais, legislativos e jurisdicionais. Sejam quais forem tais experiências e fórmulas, todas elas estão centradas na premissa da exigência de justificação e fundamentação racionais dos atos e comportamentos administrativos do Estado e de suas instituições operativas.

O Poder Judiciário propriamente dito, para Weber (e aqui se encontra uma perspectiva por demais reducionista do autor alemão), neste cenário de modernidade racional que informa o seu pensamento sociológico, terá uma responsabilidade de administrar o sistema normativo e a violência necessária para manter a ordem estatuída e sua preservação como tal, enquanto integridade do território e do tecido social.[6]

---

[4] WEBER, Max. *Os Três Tipos Puros de Dominação Legítima*. In Max Weber. *Metodologia das Ciências Sociais*, vol. 2, São Paulo/Campinas: Cortez/Editora da Unicamp, 1992, p.119. Na dicção de Fábio Konder Comparato, o próprio o Estado moderno, concebido pelos grandes pensadores políticos europeus a partir de fins do século XVII como uma organização necessariamente rígida e estática, enquadrava-se no desafio político da época, qual seja, o de abolir o absolutismo monárquico, pela despersonalização do poder. Era indispensável, para tanto, substituir a vontade individual soberana, fundamento da sociedade política no Leviatã de Hobbes, pela norma geral e abstrata. COMPARATO, Fábio Konder. *Ensaio sobre o juízo de constitucionalidade de políticas públicas*. In ATALIBA, Geraldo. *Direito Administrativo e Constitucional*. São Paulo: Malheiros, 1997, p. 344.

[5] WEBER, Max. *Sobre algumas categorias da sociologia compreensiva*. Op. cit., p. 345.

[6] WEBER, Max. La institución estatal racional y los partidos políticos y parlamentos modernos. *In Economia y Sociedad*. México: Fondo de Cultura Economica, 1969, vol. II, Capítulo IX, ítem IX.

De uma certa forma, é este modelo técnico-burocrático e racional de Poder que vai informar o processo de formação das instituições públicas brasileiras desde o Império, notoriamente conhecido o Estado de então como patrimonialista-estamental e escravocrata.[7]

"A condição de colonizados fez com que tudo surgisse de forma imposta e não construída na dia-a-dia das relações sociais, no embate sadio e construtivo das posições e pensamentos divergentes, enfim, do jogo de forças entre os diversos segmentos formadores do conjunto social. Com a devida precaução, salvo exceções que confirmam a regra, foi uma vontade monolítica imposta que formou as bases culturais e jurídicas do Brasil colonial".[8]

Com tal perfil formativo, tanto o Estado como as instituições privadas brasileiras coloniais tinham, a princípio, um compromisso aristocrático e oligárquico, convivendo com sistemas normativos e de administração alienígenas e servientes à coroa – ou ao Poder tradicional e carismático que bem identifica os andares da família real no país.

Assim é que o rei era o único proprietário do governo e do Estado, enquanto o quadro administrativo era formado por pessoas a ele ligadas por relações pessoais de confiança (critérios não-racionais), decorrendo daí o que se pode chamar de uma certa apropriação pelo *estamento* (quadro administrativo) dos poderes de mando e as correspondentes oportunidades econômicas consectárias de tais relações.

"O que se verifica é a superposição do Estado a uma sociedade civil desarticulada e dependente, para a qual o exercício da cidadania é ainda um arre-

---

[7] À luz do que disciplina, por exemplo, FAORO, Raymundo. *Os Donos do Poder*. Rio de Janeiro: Globo, 1987; FILHO, Alberto Venancio. *Das Arcadas ao Bacharelismo*. São Paulo: Perspectiva, 1982; WOLKMER, Antônio Carlos. *Fundamentos da história do direito*. Belo Horizonte: Del Rey, 1996.

[8] CRISTIANI, Cláudio Valentim. *O Direito no Brasil Colonial*. In WOLKMER, Antônio Carlos. *Fundamentos da história do direito*. Belo Horizonte: Del Rey, 1996, p. 213.

medo de experiências liberais-democráticas de outros países. Estas e outras características vão marcar a incompatibilidade brasileira com o espírito capitalista-liberal".[9]

Tanto é verdade isto que, em termos de formação educacional mesmo das elites dominantes na colônia, esta se dava integralmente (ao menos até a segunda metade do século XIX) em Coimbra, notadamente com os cursos jurídicos – formadores, em tese, da mão de obra estamental do Poder Político reinante.[10] Ao lado deste processo formativo colonial, não se pode esquecer que a colônia, inicialmente, foi dividida em capitanias

---

[9] KOSIMA, José Wanderlei. *Instituições, Retórica e Bacharelismo no Brasil*. In WOLKMER, Antonio Carlos. *Fundamentos da história do direito*. Belo Horizonte: Del Rey, 1996, p. 232.

[10] É bom lembrar que, já no ano de 1549, quando chega ao país o primeiro Governador-Geral, Tomé de Souza, com ele aportam os primeiros padres da Companhia de Jesus que iriam dar início ao primeiro processo educacional que a história registra, por óbvio com uma inafastável preocupação de domesticação dos povos conquistados com um ensino meramente especulativo, repressor e de obediência. Tal situação perdurou até a segunda metade do século XVII, quando as reformas do Marquês de Pombal, com a expulsão dos jesuítas da Metrópole e da Colônia, subverteriam aquele modelo de ensino, abrindo-se os educandários às transformações que ocorriam no continente europeu após o Renascimento, com a expansão dos estudos científicos e a disseminação do método experimental. Os próprios estudos jurídicos, a partir da reforma pombaliana, preocuparam-se com a formação de um debate sobre as instituições nacionais, afastando-se um pouco do direito romano, na direção de uma metodologia nominada de sintética, demonstrativa e compendiária, que se contrapunha ao método tradicional, profundamente escolástico. Nas palavras de Venâncio Filho: "O método sintético consistia, segundo a linguagem dos Estatutos, em dar, primeiro que tudo, as definições e divisões das matérias, passando-se logo aos primeiros princípios e preceitos mais simples, dos quais se procederia para as conclusões particulares e complicadas. O método demonstrativo (natural e científico) consistia em dispor as matérias por tal modo que se não passasse de umas proposições para as outras sem que as precedentes se houvessem provado com a maior evidência. Finalmente, o direito deveria ser ensinado por compêndios breves, claros e bem ordenados, nos quais apenas se contivesse a substância das doutrinas, regras e exceções principais de maior uso, fazendo avultar os princípios na sua conexão e dando predomínio à didática sobre a polêmica (método compendiário). Lembra ainda o pesquisador que o Governador do Maranhão da época, Dom Fernando de Antônio Noronha, ferrenho opositor do ensino de filosofia, chegara a afirmar que "Não é conveniente que nesta conquista haja mais do que as Cadeiras de gramática latina e a de ler e escrever... estudos superiores só servem para nutrir o orgulho e destruir os laços de subordinação legal e política que devem ligar os habitantes à Metrópole". VENÂNCIO FILHO, Alberto. *Das Arcadas ao Bacharelismo*. São Paulo: Perspectiva, 1982, p. 6.

hereditárias, entregues a donatários poderes assemelhados aos senhores feudais, e que, além do papel de administrador, competia-lhes, também, a função de legisladores e magistrados, ou seja, todas as matrizes fundacionais de organização do Estado brasileiro, e do Poder Judiciário em especial, estiveram sempre vinculadas ao tipo de poder vigente à época e bem distante de qualquer perspectiva social, mesmo que se leve em conta o fato de que este sistema de capitanias hereditárias não tenha tido o êxito esperado por Portugal, razão pela qual se agudizou ainda mais a forma centralizada de administração dos chamados interesses públicos do reino (com a instituição da figura, por exemplo, do governardor-geral).[11]

Assim, concordo com José Kosima quando assevera que a formação e a organização do Poder Judiciário, na esteira do que ocorreu com o governo em geral, deu-se, na Colônia, por meio da burocracia e das relações pessoais de parentesco, isto porque os magistrados partiam de Portugal a fim de ocuparem os postos no Poder Judiciário local, com a finalidade precípua de representar os interesses da Metrópole e não as aspirações locais.

"Por todos esses fatores, pode-se dizer que os magistrados de então não eram pessoas afastadas dos interesses da elite dominante, antes dela faziam parte. Decorre daí que o mito da imparcialidade e da neutralidade era totalmente destruído pela prática vigente de troca de favores e tráfico de influências".[12]

Não foi muito diferente esta realidade no âmbito da República, eis que, desde a sua formal proclamação no país em 1822, até praticamente o final do século XIX, as autonomias administrativa e financeira das províncias eram parcas; inexistia a livre escolha de seus administra-

---

[11] LEAL, Hamilton. *História das Instituições Políticas do Brasil*. São Paulo: Nacional, 1962, p. 58 e ss.

[12] KOSIMA, José Wanderlei. *Instituições, Retórica e Bacharelismo no Brasil*, op. cit., p. 221.

dores; eram frágeis suas garantias legislativas por meio das assembléias provinciais, assim como das estruturas de governo e judiciais.[13] Não se pode esquecer que é somente a partir da edição do Decreto Federal n° 848, de 11 de outubro de 1890, que os Estados vão ter sua competência reconhecida para os fins de organizarem sua justiça e legislarem sobre processo, além, é claro, de instituir esta norma o Supremo Tribunal Federal (nos moldes da Suprema Corte Americana).

É difícil imaginar uma federação republicana que é fundada por Estado/Governo de natureza eminentemente aristocrática e depois oligárquica, descompromissado com idéias democráticas e de emancipação política de sua cidadania em termos de contar com ela inclusive para fins de gestão dos interesses públicos. Na verdade, aquelas elites dominantes, desde a independência até o início do século XX, vão se encarregar de criar um modelo de Estado centralizador e autoritário, com feições ora absolutistas, ora paternalistas, ora assistencialistas, praticamente até e durante o regime militar no país.[14]

Este modelo de Estado Centralizador vai radicalizar a dimensão pragmática do princípio da separação de Poderes que informa o constitucionalismo moderno, a ponto de criar verdadeiros feudos e ilhas incomunicáveis de administração, com competências reservadas e exclusivas, indicadas pelo viés restritivo da legalidade constitucional e infraconstitucional vigente, ao mesmo tempo em que consegue impingir um certo esvaziamento político destas questões, atribuindo-lhes tão-somente feições tecno-burocráticas.

Decorrência lógica deste cenário é o insulamento, em face da Sociedade Civil, dos Poderes instituídos do Estado (Executivo, Legislativo e Judiciário), enquanto instâncias meramente operativas de atribuições predeterminadas pelo sistema jurídico, sem qualquer cone-

---

[13] Conforme LEME, Ernesto de Moares. *A intervenção federal nos Estados*. São Paulo: Revista dos Tribunais, 1948, p. 82 e ss.

[14] Neste sentido, o texto de BOSCHI, Renato; DINIZ CERQUEIRA, Eli. *Estado e Sociedade no Brasil: uma revisão crítica*. In BIB, n° 1, DADOS, n° 15, p. 12/31. Rio de Janeiro: Edipaz, 2002.

xão/interlocução cotidiana com os cidadãos, a não ser pelas fórmulas administrativas instituídas (petições, reivindicações, reclamações, etc.), todas focadas em aspectos curativos, e não preventivos/participativos da gestão dos interesses comunitários.[15]

Os funcionários públicos que, por sua vez, desempenham suas funções nestas instituições, tendem a reproduzir aquele modelo, mantendo relações de distanciamento e até indiferença para com a Sociedade Civil, quando muito realizando seus misteres com um formalismo de tal forma burocrático que descontextualiza a inserção do serviço prestado às demandas que lhes são afetas, pouco preocupados com questões atinentes à qualidade, utilidade, finalidade e eficiência comunitárias das ações públicas levadas a cabo.

É neste quadro de contingências que os Poderes de Estado foram se (de)formando no país, dentre os quais quero destacar o Poder Judiciário, de forma perfunctória, eis que o objeto desta abordagem é a de avaliar quais os desafios que estão postos à jurisdição nacional neste novo tempo de avanços políticos e sociais da cidadania brasileira.[16]

Neste sentido, importa reconhecer, com Boaventura de Sousa Santos,[17] que desde a década de 1960 podemos

---

[15] Abordo de forma mais exaustiva esta questão no livro LEAL, Rogério Gesta. *Sociedade, Estado e Administração Pública no Brasil: novos paradigmas.* Porto Alegre: Livraria do Advogado, 2006. Vai nesta direção a crítica de WEBER, Max. *Estado y Sociedad.* Op. cit., p. 239, quando adverte que o pessoal especializado encarregado da aplicação das normas jurídicas, da burocracia estatal, é o que melhor caracteriza o direito das sociedades capitalistas e o distingue do direito das sociedades anteriores, eis que seu objeto central era o de construir um monopólio estatal administrado por funcionários segundo critérios dotados de racionalidade formal, assente em normas gerais e abstratas, aplicadas a casos concretos por via de processos lógicos controláveis.

[16] Não tenho como discutir aqui os problemas estruturais e funcionais da máquina judiciária brasileira (orçamentários, de recursos humanos, de tecnologia de informação, de logística, etc.), tampouco as questões atinentes à desfuncionalidade do sistema jurídico em determinados setores (legislação anacrônica, ausência de legislação para os novos direitos, rotinas e procedimentos burocráticos e ineficientes, etc.), que direta e indiretamente atravancam os movimentos e ações do Estado-Juiz, o que não precisa condicionar, necessariamente, as ações e os movimentos dos seus gestores/operadores (magistrados, servidores, advogados públicos e privados, etc.).

[17] SANTOS, Boaventura de Sousa. *A sociologia dos tribunais e a democratização da justiça.* São Paulo: Cortez, 1995, p. 165.

visualizar uma certa eclosão do que ele chama de *crise da administração da justiça*, o que nos afeta até hoje. Nas palavras do autor:

"Foi, no entanto, no pós-guerra que esta questão explodiu. Por um lado, a consagração constitucional dos novos direitos econômicos e sociais e a sua expansão paralela à do Estado-Providência transformou o direito o acesso efetivo à justiça num direito charneira, um direito cuja denegação acarretaria a de todos os demais. Uma vez destituídos de mecanismos que fizessem impor o seu respeito, os novos direitos sociais e econômicos passariam a meras declarações políticas, de conteúdo e função mistificadores. Daí a constatação de que a organização da justiça civil e, em particular, a tramitação processual não podiam ser reduzidas à sua dimensão técnica, socialmente neutra, como era comum serem concebidas pela teoria processualista, devendo investigar-se as funções sociais por elas desempenhadas e, em particular, o modo como as opções técnicas no seu seio veiculavam opções a favor ou contra interesses sociais divergentes ou mesmo antagônicos".[18]

Esta crise da administração da justiça, na verdade, toma contornos mais amplos e profundos, uma vez que está em jogo e na arena pública do debate mais politizado do país questões que tocam a identidade e a vocação política do Judiciário, em face de um cenário societário de complexas conflituosidades (já não mais tanto individuais, mas sociais e coletivas, envolvendo direitos difusos, de gênero, de raça, etnia, sexuais, etc.), que não depender exclusivamente de decisões coercitivas do Estado às suas soluções.

E não se poderia esperar outra coisa do Judiciário neste processo de mutação social, econômica, política e cultural – que é transnacional –, do que sua estupefação transformista, pois não silenciou de todo diante das

---

[18] Idem, p. 167.

demandas que lhe eram impostas pelo mundo da vida em que se encontrava, mas deu respostas de diversas matizes, tanto neutras e distanciadas dos problemas reais do mundo, acreditando que poderia tudo resolver simplesmente aplicando o deducionismo lógico-formal que o sistema jurídico lhe outorgava, até reações mais ativistas e voluntariosas, crendo que poderia tudo resolver com os comandos sentenciais decorrentes do *ius imperium* que detinha.[19]

Por óbvio que a formação dos magistrados ao longo deste período em muito contribui para acolmatar o seu perfil às matrizes positivistas e formalistas da ciência do Direito.[20] É preciso reconhecer, infelizmente, que o pensamento jurídico preponderante no âmbito inclusive da formação dos operadores do direito desde a fundação dos cursos jurídicos no país, pelo menos na maior parte deles em seu evolver, até os dias de hoje, concebe o direito positivo e o sistema jurídico como um todo, como uma dimensão autônoma do político e um fundamento do Estado. Neste caminho, o culto à lei e a separação dos Poderes se colocam como véus ideológicos que dissimulam e invertem a natureza eminentemente política do direito,[21] fazendo com que alguns juristas acreditem na identificação da obediência política com a obediência legal, e mais, fazendo com que a posição do Estado-Juiz no conjunto das relações assimétricas de dominação social, respaldadas pela sua prerrogativa coercitiva, se torne ao mesmo tempo invisível e legítima.

---

[19] Estou falando aqui de um Poder Judiciário mais positivista e formal até daquele Judiciário mais interventivo, buscando pela via da interpretação mais democrática do sistema jurídico concretizar direitos fundamentais, sem refletir de forma muito aprofundada sobre os limites da jurisdição na democracia contemporânea. Discuto melhor esta questão no capítulo segundo deste trabalho.

[20] São novamente os estudos sociológicos de Boaventura de Sousa Santos que demonstram empiricamente que as reformas do processo ou mesmo do direito substantivo não terão muito significado se não forem complementadas com outros dois tipos de reformas. Por um lado, a reforma da organização judiciária, a qual não pode contribuir para a democratização da justiça se ela própria não for internamente democrática; por outro lado, a reforma da formação e dos processos de recrutamento dos magistrados. Idem, p. 180.

[21] Como quer GOMEZ, José Maria. Surpresas de uma Crítica: a propósito de juristas repensando as relações entre o direito e o Estado. *In Crítica do Direito e do Estado*. Rio de Janeiro: Graal, 1984.

Diante de tais posicionamentos, a própria magistratura, no Brasil, dá pistas dos delineamentos que tomaram sua formação teórica e oficiosa, a saber, a partir de deontologia branda e inerte, fundamentada em, no mínimo, três postulados informativos da corporação: (1) o dever de neutralidade do magistrado, enquanto imparcial aplicador da lei; (2) o dever de produtividade quantitativa, deixando ao largo a qualidade axiológica de suas decisões; (3) o dever de postura/comportamento social adequado à função estatal e soberana que ocupa.[22]

(1) O dever de neutralidade do juiz vem alicerçado pela tradição normativista imperante na cultura jurídica nacional, exigindo como compromisso destes operadores jurídicos a imparcialidade no ato de jurisdição. Tal exigência se funda na premissa de que as normas positivas de origem estatal se constituem em objeto de uma ciência meramente formal do direito, preocupadas tãosomente com as qualificações normativas dos fatos. Neste particular, a atividade do operador-cientista é a de reconhecimento e de aplicação de um sistema conceitual capaz de dar conta de modo rigorosamente lógico da totalidade da experiência normativa já dada. Assim, o direito é reduzido a um mero sistema de normas que se limita a dar sentido jurídico aos fatos sociais à medida que estes são enquadrados no esquema normativo vigente.

(2) No que tange aos aspectos quantitativos de sua produção jurisdicional, a magistratura brasileira tem se complicado em avaliações apressadas e pouco criteriosas, o que se expressa também no fato de que, até a década de 1970, aos juízes recém-egressos em seus quadros, as recomendações funcionais eram no sentido de que devessem estabelecer uma proporção entre qualidade e quantidade da sua produção oficiosa, buscando jamais comprometer aquela. Como assevera Puggina,[23]

---

[22] Utilizamos aqui os elementos reflexivos de PUGGINA, Márcio Oliveira. *Deontologia, Magistratura e Alienação*. In AJURIS, vol. 59. Porto Alegre: RTJRGS, 1993, p. 169/198.
[23] Idem, op. cit., p. 182.

de uns tempos para cá, a qualidade passou a ser acessório da produção jurisdicional, prevalecendo a mentalidade da quantidade, elemento mensurador das condições de projeção funcional na carreira e matéria devidamente aferível em mapas estatísticos de desempenho laboral. *Os novos juízes chegam a vangloriar-se do fato de não pensarem suas sentenças; o processo, assim como chega a julgamento, deve ser devolvido com sentença (qualquer uma, boa ou má) e, se por acaso ela estiver correta, tanto melhor.*[24]

Eis que se compreende como a administração da justiça acaba sendo reduzida, explícita ou implicitamente, a uma mera administração da lei por um poder tido e crente como neutro, imparcial e objetivo, reduzindo-se o intérprete e aplicador da norma a um mero técnico do direito positivo.

Como assevera Faria,[25] a partir daqui não importa ao operador do direito a explicação, a compreensão e a orientação de comportamentos jurídicos, porém, a tipificação e sistematização de situações normativas hipotéticas; ao agir de modo técnico, isto é, sem referências axiológicas (o que é impossível faticamente), o magistrado se limita a atuar tendo em vista apenas a consecução das garantias formais, da certeza jurídica e do império da lei.

(3) Quanto ao comportamento do magistrado e do próprio Poder Judiciário, poder-se-ia enfrentar dois planos de existência distintos, ao menos para os efeitos deste trabalho: o conjuntural/social e o plano político/ideológico que isto representa, com suas conseqüências particulares.

Por um processo de ambientação social e mesmo reprodução imaginária da própria sociedade, a representação do lugar que ocupa o magistrado na comunidade é o da autoridade – até em razão da associação direta que se faz com o Poder Estatal –, o que implica o surgimento, por si só, de uma certa diferenciação de

---

[24] Idem, op. cit., p. 183.
[25] FARIA, José Eduardo. *Justiça e Conflito*. São Paulo: Revista dos Tribunais, 1991, p. 56.

integração comunitária (quando ela existe!), sendo visto o magistrado como guardião da ordem e dos bons costumes vigentes nesta localidade, portanto, alguém que é diferente dos cidadãos *comuns*, pois responsável pela segurança de todos (todos que se encaixam no perfil e no modelo de ordem estabelecida, buscando exatamente a sua não-alteração).

Afora as questões ideológicas que marcam esta matriz formativa da jurisdição brasileira, ainda no plano formativo, é de se ver, como adverte Faria,[26] que o Poder Judiciário ainda conta com um potente controle de racionalidade instrumental da prestação jurisdicional, a saber, os tribunais superiores, vigilantes de plantão do imaginário e da (re)produção de seus quadros, cujas funções podem ser exemplificadas como: uniformizar decisões dos tribunais inferiores a partir de um marco axiológico e epistemológico predefinido; calibrar os critérios hermenêuticos impostos; preservar a disciplina e o profissionalismo de todo o corpo de magistrados; constituir-se numa espécie de escudo simbólico de um sistema jurídico fechado, autônomo, completo e auto-fundamentador.

Todas estas particularidades da judicatura brasileira, todavia, não têm sufocado ou evitado o surgimento de iniciativas judicantes promocionais de direitos e garantias democráticas, constitucionais e infraconstitucionais, em todo o território nacional, as quais não se conformam com os marcos institucionais positivistas supra-referidos, e por esta razão, são responsáveis por muitos avanços humanitários e compromissados com o tipo de sociedade desenhado pela norma constitucional ora vigente, a despeito de cometerem alguns equívocos voluntariosos e de fragilização da democracia contemporânea.

De uma certa forma, a própria magistratura, ao longo do tempo, tem-se dado conta de alguns problemas que agudizam sua situação em face da Sociedade Civil, o que se pode aferir a partir da pesquisa realizada pela

---

[26] FARIA, José Eduardo. *Justiça e Conflito*. Op. cit., p. 62.

Associação dos Magistrados Brasileiros – AMB –, no ano de 2005, coordenado pela Profa. Maria Tereza Sadek, consultando 3.528 magistrados brasileiros sobre diversas questões atinentes à jurisdição, à Sociedade e ao Estado. Valem destacar, deste estudo, alguns itens que dão conta da mudança ainda embrionária da perspectiva dos juízes nacionais em torno de temas que antes e tradicionalmente não lhe diziam respeito de perto.

No que tange ao questionamento se os magistrados, ao julgarem, deveriam ou não levar em conta não só questões dispostas na lei, mas seus efeitos sociais, 83,85% dos entrevistados disseram que levam em conta os efeitos sociais da decisão, e 40,50% informaram que levam em conta também as questões econômicas envolvidas. De forma mais precisa, 78,50% dos entrevistados referiram que levam em conta o compromisso com causas sociais, e 36,50%, com causas econômicas.[27]

A sensibilidade político-institucional dos magistrados brasileiros também restou alcançada pelo estudo referido, eis que, consultados sobre a independência do Supremo Tribunal Federal brasileiro em face do Poder Executivo, numa escala de 0 a 10, o resultado foi o de 3,9, sendo que em face das forças econômicas privadas, este índice subiu para 4,8, e em relação ao Congresso Nacional, 5,3, o que denota uma preocupação diante das relações institucionais entre os Poderes oficiais da República.[28]

Sem querer demarcar um específico lugar no tempo e no espaço como ponto de mutação das possibilidades conceituais e institucionais do Poder Judiciário brasileiro, a verdade é que, com a Constituição de 1988, vão-se presenciar novos tipos de questionamentos e enfrenta-

---

[27] Publicado no jornal O Globo, Rio de Janeiro, edição de 30 de outubro de 2005, p. 3. Interessante notar que, no que tange ao uso de súmulas para decidir, 65,60% disseram que o fazem , sendo que 30% afirmaram que o fazem com muita freqüência. Ao mesmo tempo e de forma paradoxal, 61,20% dos entrevistados disseram que são contra a instituição da súmula vinculante para decisões do STF e STJ, contra 30,90% favoráveis (p. 8).
[28] Publicado no jornal O Globo, Rio de Janeiro, edição de 31 de outubro de 2005, p. 4.

mentos teóricos e práticos do perfil da cidadania, Estado, Mercado e relações sociais, oportunizando um aprofundamento mais reflexivo e pragmático dos misteres do Estado-Juiz contemporâneo, o que faço a partir de agora.

1.3. A natureza política da Jurisdição no Estado Democrático de Direito

Há um certo consenso entre sociólogos e politólogos no fato de que as relações sociais, a partir da segunda metade do século XX, são marcadas por graus distintos, mas progressivos de complexidade e tensionalidade, em razão mesmo do processo de transnacionalização radical de mercados e interesses internacionais.[29]

Decorre disto, como quer Jacob, a emergência freqüente de uma crise de legitimação das instituições tradicionais da democracia contemporânea, fruto do fato de que as intervenções no tecido social e a expansão dos seus aparelhos não são acompanhadas de nenhum aprofundamento de participação política democrática. *A crise de legitimação surge quando as demandas crescem mais rapidamente do que as recompensas ou respostas.*[30]

Ao lado da crise de legitimação referida, apresentam-se no mínimo duas outras crises, a de identidade e a de eficácia, correlatas da primeira, eis que, em nível de identidade, estas instituições (públicas e privadas) passam não mais a distinguir quais suas funções originárias e efetivamente públicas, servindo como meros instrumentos de assalto ao poder por interesses e corporações

---

[29] Ver os trabalhos de CHAUÍ, Marilena. *Cultura e Democracia.* São Paulo: Cortez. 1989; DEMO, Pedro. *Cidadania Menor.* São Paulo: Autores Associados. 1995; DIAZ, Elias , *Estado de Derecho y Sociedad Democratica.* Madrid: Editorial Cuadernos para el Dialogo. 1995; FARIA, José Eduardo. *Direitos Humanos, Direitos Sociais e Justiça.* São Paulo: Malheiros. 1994; LEFORT, Claude. *Essais sur le politique – XIX-XX siècles.* Paris: Librairie Arthème Fayard.1984; TENZER, Nicolas. *La societè dépolitisée: essai sur lês fondements de la politique.* Paris: Presses Universitaires de France, 1998.

[30] JACOB, Pedro. *Movimentos Sociais e Políticas Públicas.* São Paulo: Cortez, 1993, p. 8.

pouco representativas da sociedade como um todo;[31] em nível de eficácia, por terem perdido sua legitimidade e sua identidade, não conseguem – e sequer priorizam –, atender as demandas efetivas e operacionais da comunidade que representam oficialmente.[32]

Cambaleante e premida pela necessidade de sobrevivência, a cidadania não tem outra opção senão a de articular, com o tempo, uma resistência ao estado em que se encontra e à condição de súdita/consumidora imposta pelo quadro acima desenhado. Tal resistência civil deixa de ser individual,[33] passiva ou silenciosa, passando a constituir-se como ação coletiva, organizada e dirigida à obtenção de bem-demarcados projetos e resultados, aqui se podendo destacar: os movimentos dos sem-terra; o movimento dos sem-teto; movimento indígena; movimento dos aposentados; movimento associativo de bairros e moradores;[34] etc.

Sobre a pressão de tais cenários, atores políticos, públicos e privados, vêm sofrendo mutações significativas, a ponto mesmo de questionar quais as funções, ações e limites do Mercado, do Estado, das Organizações

---

[31] Neste sentido, ver as contribuições de PHILLIPS, Armand. *Democracy and Difference*. Cambridge: Polity Press, 2000, p. 82. Ver também o texto de DINIZ, Eli. A reforma do Estado: uma nova perspectiva analítica. In: COELHO, Maria Francisca Pinheiro *et al.* (org.). *Política, ciência e cultura em Max Weber*. Brasília: Unb, p. 127-150.

[32] Desenvolvi este tema no livro LEAL, Rogério Gesta. *Teoria do Estado: cidadania e poder político na modernidade*. 2ª ed. Porto Alegre: Livraria do Advogado, 2001.

[33] Importante registrar que desde o século XVIII o movimento da Ilustração reivindica o direito à associação, à reunião e ao debate, e isso cristaliza-se em vários tipos de associações como as academias e as sociedades científicas e de leitura e as tertúlias, porém, ensejando um fomento notadamente individual e não-coletivo. Ver o trabalho de JAMES, Erold. *The Nonprofit Sector in International Perspective: Studies in Comparative Culture and Policy*. New York: Oxford University Press, 1989, p. 35/39.

[34] Não vamos adotar aqui a tese de alguns estudiosos do tema que sustentam que, enquanto a transformação da realidade social é a razão que sustenta o movimento social, a realização de iniciativas e a execução de projetos para a integração social são o que dá sentido à existência das organizações associativas, de voluntariado e das ONGs, até porque não aceitamos esta divisão tão radical em termos universais. Ver o trabalho de AYALA, Vladimir R. *Voluntariado Social, Incorporación Social y Solidaridad: Independencia, Interdependencia y Ambigüedades*. In *Documentación Social. Revista de Estudios Sociales y de Sociología Aplicada*, 94, Jan.-Mar.: 141-56, 1994.

Sociais?,[35] com forte impacto na delimitação do perfil da cidadania mencionada.

A cidadania de que estou falando é a que constitui um espaço de participação pública efetivo, gestando instrumentos e mecanismos concretos de ação social, gerando da forma mais consensual possível as normas de conduta e comportamento pessoal e institucional que formatam a Sociedade Civil. Com tal espectro, a cidadania contemporânea, em verdade, tem alterado o significado de participação política enquanto direito fundamental, deslocando-se para uma concepção mais inclusiva de formação discursiva da vontade coletiva; não se restringindo mais a um campo político estritamente definido pelos *locus* oficiais de poder (Estado, Sufrágio, Partidos Políticos, etc.).[36]

1.4. Conclusões

A idéia de Poder público, administração pública e gestão de interesses sociais de que estamos falando neste texto (dentre eles o Poder Judiciário) estão insertos e diluídos numa nova correlação de forças, cujos interlocutores são migratórios e polifônicos, desde os tradicionais sujeitos/mecanismos de democracia representativa (Parlamento, Executivo e Judiciário, voto, partidos políticos), como os novos sujeitos de organização e pressão

---

[35] Neste ponto, sugiro a leitura do excelente texto de NEGRI, Toni. *Revolution Retrieved*. London: Red Notes, 1998.

[36] Na dicção de Vieira, devido à porosidade do espaço público contemporâneo, a política não pode mais ser vista como atributo das elites, tornando-se indispensável a adoção de mecanismos e procedimentos de participação, assegurando-se a grupos sociais minoritários, igualdade de acesso ao espaço público, mediante o discurso, independente dos conteúdos. Assim, a dupla dimensão da esfera pública não-estatal, a saber, de um lado, o controle social do Estado e a ação coletiva para a afirmação de direitos e identidades culturais; de outro, a produção de bens e serviços públicos, encontra seu fundamento último e denominador comum no conceito de cidadania. É a cidadania que fornecerá o *élan* vital para a criação de uma nova institucionalidade política, em que a sociedade civil cumprirá seu papel central na construção de um espaço público democrático, única fonte possível de governabilidade e legitimidade do sistema político. In VIEIRA, Liszt. *Os Argonautas da Cidadania*. Rio de Janeiro: Record, 2001, p. 39.

sociais (ONGs, associações civis, movimentos sociais não-institucionais, etc.), formando ambiências que não mais se adaptam às formas de controle ou coação estatais (polícia, exército e ordens judiciais), mas que demandam uma lógica do entendimento e comunicação o menos coatada possível.

Tudo isto, como quer Gisele Cittadino, vai gerando uma forte pressão e mobilização política da Sociedade sobre todos os seus interlocutores (Legislativo, Executivo, Judiciário, instituições privadas, Mercado), o que tem contribuído, por certo, à *expansão do poder dos tribunais ou daquilo que se designa como ativismo judicial*.[37]

É neste novo espectro que se pode identificar, com razões de justificação e fundamentação públicas, o perfil de Sociedade e Estado em que se insere o Poder Judiciário contemporâneo (objeto deste estudo), bem como seus compromissos identitários e pragmáticos inafastáveis,[38] afastando-se, portanto, do modelo do constitucionalismo liberal, no qual não competia ao Estado (Executivo, Legislativo e Judiciário) guiar a sociedade civil para a realização de fins comuns, eis que sua tarefa se reduzia em propiciar, sob a égide de leis gerais, constantes e uniformes, condições de segurança – física e jurídica – à vida individual, competindo a cada indivíduo fixar suas finalidades de vida, no respeito às leis asseguradoras de uma convivência harmoniosa de escolhas individuais.[39]

---

[37] CITTADINO, Gisele. Judicialização da Política, Constitucionalismo Democrático e Separação dos Poderes. In VIANNA, Luiz Werneck. *A Democracia e os Três Poderes no Brasil*. Belo Horizonte: UFMG, 2002, p. 17.

[38] Com todos os problemas que isto gera, como, por exemplo, os destacados por QUEIROZ, Cristina M. M. *Direitos Fundamentais* (Teoria Geral). Faculdade de Direito da Universidade do Porto: Coimbra, 2002, p.229, ao asseverar que isto se dá no âmbito de uma *pluralidade* de esferas particulares e públicas de valores, que põe em causa a universalidade do consenso constitucional pressuposto. São os problemas do "contextualismo" e do "universalismo", ou, na síntese brilhante de *Rawls* (John Rawls, *Political Liberalism*, Nova Iorque: Columbia University Press, 1993, p. 231 ss.), dos "desacordos razoáveis", que apelam não a um consenso pressuposto e unidimensional, mas a um "consenso intersubjectivo" ou por "sobreposição" (*overllaping consensus)* como base e fundamento da ordem jurídico-constitucional.

[39] Conforme COMPARATO, Fábio Konder. *Ensaio sobre o juízo de constitucionalidade de políticas públicas*, op. cit., p. 350. Aduz o autor que "em radical oposição a essa nomocracia estática, a legitimidade do Estado contemporâneo passou a ser a capacidade de realizar, com ou sem a participação ativa da

Em face de todos estes cenários é que se tem imposto de forma inexorável uma revisão de nossa compreensão sobre a natureza e funções dos Poderes estatais, superando talvez a matriz liberal referida, fundada na supremacia incontestável da lei sobre todas as demais manifestações da atividade estatal, haja vista a importância dos demais Poderes em conjunto com a Sociedade Civil e o Mercado na delimitação das possibilidades das relações sociais, que vão moldando, para além no espaço normativo-dogmático, o evolver (ou involução) destas relações.[40]

É a partir de tal perspectiva que Boaventura destaca em suas pesquisas que, de um ponto de vista sociológico, o Estado contemporâneo não tem o monopólio da produção e distribuição do direito. De outro lado, se podemos perceber em nível de ocidente um relativo declínio da litigiosidade civil, longe de ser início de diminuição da conflitualidade social e jurídica, é antes o resultado do desvio dessa conflitualidade para outros mecanismos de resolução, informais, mais baratos e expeditos, existentes na sociedade, muitas vezes lateral e independente do próprio Estado, outras vezes, oriundos de iniciativas do próprio Estado, na tentativa desesperada de recuperar o espaço perdido da mediação.[41]

---

sociedade – o que representa o mais novo critério de sua qualidade democrática –, certos objetivos predeterminados" (referindo-se aos objetivos estabelecidos pela norma constitucional).

[40] Comparato lembra que, "na estrutura do Estado Dirigente, a lei perde a sua majestade de expressão por excelência da soberania popular, para se tomar mero instrumento de governo. A grande maioria das leis insere-se, hoje, no quadro de políticas governamentais, e têm por função não mais a declaração de direitos e deveres em situações jurídicas permanentes, mas a solução de questões de conjuntura (*Massnahmegesetze*), ou então o direcionamento, por meio de incentivos ou desincentivos, das atividades privadas, sobretudo no âmbito empresarial (*Lenkungsgesetze*), ou ainda a regulação de procedimentos no campo administrativo (*Steuerungsgesetze*). A tendência geral, de resto, em todos os países, vai no sentido do alargamento da competência normativa do Governo, não só na instância central, através de decretos-leis ou medidas provisórias, mas também no plano inferior das chamadas organizações administrativas autônomas, de que são modelo consagrado as *independent regulatory commissions* dos Estados Unidos". Idem, p. 355.

[41] SANTOS, Boaventura de Sousa. *A sociologia dos tribunais e a democratização da justiça*. Op. cit., p. 176. Adverte o autor português que as reformas que visam à criação de alternativas constituem hoje uma das áreas de maior inovação na política judiciária. Elas visam a criar, em paralelo à administração

A despeito de tais considerações, é certo que é o Estado em suas dimensões institucionais que ainda detém o monopólio formal hegemônico de formatação do plexo normativo regulador de comportamentos e condutas individuais e sociais, até porque esta tem sido a formação constitucional vigente na maior parte do Ocidente. Se há migrações pendulares de concentração do Poder Estatal neste particular, por vezes encontrando-se no Legislativo a maior iniciativa de produção de normas, por ora no Executivo (em face de suas novas feições promocionais e interventivas), e por vezes no Judiciário (em face das eventuais interpretações extensivas que imprime no sistema jurídico), isto não implica a negação (mas talvez a mitigação) do próprio modelo da democracia representativa, como em certa medida ocorrera em experiências alienígenas, como a alemã, por exemplo.[42]

Em tempos de profundas revisões sobre os desafios do Poder Judiciário, revela-se internacional a preocupação com seus vínculos sociais, pois, conforme assevera

---

da justiça convencional, novos mecanismos de resolução de litígios, cujos traços constitutivos têm grandes semelhanças com os originalmente estudados pela antropologia e pela sociologia do direito. Por todas estas razões, sustenta Boaventura que a democratização da administração da justiça é uma dimensão fundamental da democratização da vida social, econômica e política. Esta democratização tem duas vertentes: a primeira diz respeito à constituição interna do processo e inclui uma série de orientações, tais como: o maior envolvimento e participação dos cidadãos, individualmente ou em grupos organizados, na administração da justiça; a simplificação dos atos processuais e o incentivo à conciliação das partes; o aumento dos poderes do juiz; a ampliação dos conceitos de legitimidade das partes e do interesse em agir. A segunda vertente diz respeito à democratização do acesso à justiça.

[42] Uma boa análise desta perspectiva é dada por Ingeborg Maus, quando avalia a ocorrência de uma certa diluição do princípio da separação dos Poderes e do enfraquecimento da democracia na Alemanha pós-guerra. Com suporte na obra de Marcuse sobre a perda da figura do pai na formação da identidade pessoal e na capacidade de socialização da criança, a autora vê o Judiciário, em especial a Corte Constitucional Alemã, como um substituto do pai (ou um tutor) para uma sociedade órfã, desde a queda da monarquia no tocante ao sentimento de unidade do povo alemão. Esta orfandade cresce com a derrota na grande guerra. Assim, desde que entrou em funcionamento, o Tribunal de Karshuhe assume uma condição de portador/guardião da lei e da autoridade num país derrotado, humilhado e destruído pela guerra, pois enfraquecidos os demais poderes, inclusive no que tange às suas legitimidades sociais. In MAUS, Ingeborg. O Judiciário como superego da sociedade: o papel da atividade jurisprudencial na sociedade órfã. *In Novos Estudos CEPRAB*. Vol. 58. São Paulo, novembro de 2000, p. 183/202.

Luiz Paulino Mora Mora Presidente da Corte Suprema de Justiça da Costa Rica:

"De hecho, en realidad se crea en cierto sentido un nuevo sujeto – la comunidad – frente al que el juez en particular y el órgano judicial en general, deben justificar sus actos, en especial lo referido a su desempeño, tal y como también se ha reconocido en sede internacional con la promulgación de la llamada Carta de Derechos de las Personas ante la Justicia en el Espacio Jurídico Iberoamericano, que firmamos los Presidentes de Cortes de Iberoamérica en Cancún en el año 2002 y que define la justicia como un servicio público y fija condiciones que los servidores judiciales deben respetar para brindarlo de forma eficiente y correcta, así como la necesidad de medidas de evaluación. Todas esas tendencias justifican la necesidad de que los jueces deban ser evaluados en el desempeño de sus cargos, pero a mi juicio esa evaluación no debe ser sólo en relación con el número de asuntos resueltos durante un determinado período o respecto del número de asuntos que le son revocados o corregidos por el tribunal competente para conocer de los recursos que se interpongan en contra de lo que resuelve".[43]

Todavia, há problemas que não são só de ordem subjetiva no âmbito do Poder Judiciário, envolvendo apenas a figura do magistrado, suas convicções e julgamentos, mas de ordem estrutural, até em face de ele apresentar uma estrutura piramidal e uma forma buro-

---

[43] Parte do discurso de abertura do 1º Encontro Nacional sobre a Administração da Justiça, realizado em Brasília, no Supremo Tribunal Federal, em 21/11/2003, realizado por MORA MORA, Luiz Paulino. *Notas sobre o Poder Judiciário*. Disponível em http://www.stf.gov.br/institucional/enaj/discursoCostaRica.asp, acessado em 13/04/2006. Conclui o autor no sentido de que é necessário "un cambio de mentalidad en el juez latinoamericano para que se sienta orgulloso de ser un servidor de la ciudadanía y para que comprenda que su labor va mucho más allá de ser un simples escrutador de expedientes y códigos para convertirse en protector y defensor de los derechos de los ciudadanos y en agente de paz social, todo conflicto y contradicción desaparece y la independencia ejercida por el juez – concebida eso sí como garantía ciudadana – se ve más bien mejor servida en un sistema transparente y abierto".

crática de administração instalada com todos os seus paradigmas. O modo de atuação do Judiciário, de forma estratificada, com o conhecimento cada vez mais especializado e individualizado, não permite a integração da problemática em termos do todo, mas sim em fragmentos de gestão. Em função da burocratização da Administração Judiciária, tanto no que concerne à atividade-meio quanto à atividade-fim, reina uma situação de conformismo e estagnação intelectual que dificulta a sua transformação.[44]

Ao lado disto, como bem lembra Faria, a ineficiência do Poder Judiciário no exercício da função a ele atribuída decorre também da incompatibilidade estrutural entre sua arquitetura e a realidade socioeconômica a partir da qual e sobre a qual tem de atuar. Com seu intricado sistema de prazos, instâncias e recursos, o Judiciário está organizado como um burocratizado sistema de procedimentos escritos, concebido para solucionar as lides existentes em uma sociedade estável, com níveis eqüitativos de distribuição de renda e um sistema legal integrado por normas padronizadoras, unívocas e hierarquizadas em termos lógico-formais.[45]

A partir desta consciência, mister é reconhecer que quaisquer transformações ou mudanças nos atuais modelos de gestão do Judiciário existentes implicam um processo que tende a ter resistências *naturais*, razão pela qual devem ser implementados com cuidado, de forma planejada e controlada, por meio de indicadores que

---

[44] Neste ponto, ver o trabalho de LEÃO, E. *A Realidade Vigente na Administração de Tribunais*. In: LEÃO, E. (Org.) *Qualidade na Justiça*. São Paulo: INQJ, 2004, p. 19. Na mesma direção, ver o texto de RENAULT, S.R.T. *O Poder Judiciário e os Rumos da Reforma. Revista do Advogado*, São Paulo, n. 75, p. 96-103, abr. 2004.

[45] FARIA, José Eduardo. *O poder Judiciário no Brasil: paradoxos, desafios e alternativas*. Brasília: Conselho da Justiça Federal, Centro de Estudos Judiciários, 1996, p. 102. Nesta mesma linha, vai Nalini, ao denunciar que "os efeitos da globalização no mundo moderno obrigaram o Estado contemporâneo a se ajustar às necessidades de um cidadão quase sempre insatisfeito com o que lhe é oferecido. E o atual modelo Judiciário brasileiro não apresenta diretrizes consensuais, impedindo a formulação de uma estratégia de ação e excluindo a possibilidade de se traçar uma política judicial focada no atendimento ao interesse desse cidadão". In NALINI, J. R. *Os Três Eixos da Reforma do Judiciário*. Revista do Advogado, São Paulo, n. 75, p. 67-72, abr. 2004.

apontem o sucesso ou não das atitudes adotadas. Por tais razões é que a doutrina especializada tem insistido na tese de que, mais do que o simples planejamento, é preciso preocupar-se com a gerência estratégica, ou seja, o estabelecimento de metas e objetivos para organização ajustados às demandas onde a organização está inserida, reforçando as idéias de processo contínuo, inovação e adaptação.[46]

Ao lado destas preocupações, há outras tão importantes quanto envolvendo o Poder Judiciário brasileiro, atinentes, por exemplo, às funções que ocupa numa democracia representativa e republicana, tema do próximo capítulo.

---

[46] Conforme MOTTA, P. R. M. *Gestão contemporânea: a ciência e a arte de ser dirigente*. Rio de Janeiro: Record, 1996, p. 89. O autor lembra que "é preciso que fique claro que o planejamento racional, centralizado, restrito ao topo da organização não é o mesmo que o planejamento estratégico. Esse último busca incorporar a visão estratégica aos diversos níveis gerenciais, instituindo o processo contínuo e sistemático de tomada de decisão de acordo com alternativas de futuro, criadas a partir de cenários em função das mudanças no ambiente organizacional".

Capítulo 2

As potencialidades lesivas à democracia de uma jurisdição constitucional interventiva

2.1. Notas introdutórias

Uma pergunta inquietante tem acompanhado o evolver da Democracia Representativa contemporânea sob a perspectiva de suas instituições oficiais e os papéis que elas devem cumprir no cenário de uma sociedade altamente complexa e diferenciada em termos de condições materiais e subjetivas de convívio cotidiano, qual seja: se o modelo de Democracia Representativa Moderna fundou-se na idéia de processo formativo da Sociedade Civil e do Estado pela autonomia pública e privada de sua cidadania, suas representações institucionais – notadamente o Poder Judiciário – não deveriam observar esta base soberana matricial, tanto para fins de constituição, formação, execução e avaliação dos atos de gestão dos interesses públicos (sejam eles legislativos, executivos ou judiciais)? Se isto é verdade, os próprios Poderes Estatais – em especial o Poder Judiciário – não deveriam, em cada ação oficiosa, levar em conta esta perspectiva, evitando violar o processo democrático de constituição dos espaços públicos e privados? De forma mais específica, no âmbito do Poder Judiciário, quais os desafios e perfil que ele deve ter em face deste cenário?

Em termos de recorte temático, pretendo tensionar os desafios que se apresentam ao Poder Judiciário em meio ao debate desenhado acima, isto porque talvez ele

O Estado-Juiz na Democracia Contemporânea
UMA PERSPECTIVA PROCEDIMENTALISTA

tenha exercido – por vezes – papel desestabilizador do equilíbrio democrático das instituições perquirido pela ordem constitucional vigente.

Para o enfrentamento desta problemática, vou me valer de algumas matrizes teórico-fundacionais oriundos da Teoria da Democracia e da Teoria da Constituição, consoante abaixo faço revelar.

2.2. A necessária revisão do perfil formativo e operativo das instituições públicas no âmbito da democracia contemporânea

Já referi em outra oportunidade que as relações políticas da era moderna são marcadas pelos índices e âmbitos de racionalidade presentes na organização e justificação do poder político e sua vinculação com o social.[47] Daí a tese de que o princípio da soberania popular só pode ser realizado, como quer Habermas, pressupondo-se um uso público da razão por todos os cidadãos e entre eles e as suas representações.[48] Isto porque, a referida concordância de todos os juízos, independente da diversidade dos sujeitos entre si, recebe, para além de seu valor pragmático, um significado constitutivo: as ações políticas, ou seja, as ações voltadas para o direito dos outros, só devem poder, elas mesmas, estar em concordância com o Direito e a Moral, à medida que as

---

[47] Cf. LEAL, Rogério Gesta. *Sociedade, Estado e Administração Pública: novos paradigmas*. Porto Alegre: Livraria do Advogado, 2006. Neste sentido, Habermas adverte para o fato de que "o público pensante dos 'homens' constitui-se em público dos 'cidadãos', no qual ficam se entendendo sobre as questões da *res publica*. Essa esfera pública politicamente em funcionamento torna-se, sob a 'constituição republicana', um princípio de organização do Estado Liberal de Direito. Em seu âmbito está estabelecida a sociedade civil burguesa como esfera da autonomia privada (cada qual deve poder procurar a sua 'felicidade' por aquele caminho que lhe pareça útil). As liberdades civis são asseguradas através das leis gerais; à liberdade do 'homem' corresponde a igualdade dos cidadãos perante a lei (abolição de todos os 'direitos natos'). A própria legislação se baseia na 'vontade do povo decorrente da razão', pois leis têm sua origem empiricamente na 'concordância pública' do público pensante". (cf. HABERMAS, Jürgen. *Mudança Estrutural da Esfera Pública: investigações quanto a uma categoria da sociedade burguesa*. Rio de Janeiro: Tempo Brasileiro, 1984, p. 119).
[48] Cf. HABERMAS, *Mudança Estrutural na Esfera Pública, op. cit.*, p. 131.

suas máximas podem ter publicidade e mesmo ser exigidas em relação a todos que envolve e alcança.[49]

Ancorado em tal reflexão é que posso sustentar que um governo ou uma sociedade, a partir da Idade Moderna e hodiernamente, está vinculado a um pressuposto que se apresenta como novo em face da Idade Antiga e Média, a saber: a própria idéia de democracia. Para ser democrático, pois, deve-se contar, a partir das relações de poder estendidas a todos os indivíduos, com um espaço político demarcado por regras e procedimentos claros, que efetivamente assegurem, de um lado, espaços de participação e interlocução com todos os interessados e alcançados pelas ações governamentais e, de outro lado, o atendimento às demandas públicas da maior parte possível da população.[50]

Tais regras e procedimentos, por sua vez, vêm delineados pelo próprio sistema jurídico constituído por procedimentos e processos (em tese) democráticos, nascentes da manifestação da soberania popular pela via da representação, e, por isto, legitimado socialmente enquanto ordem jurídica posta.[51]

---

[49] Em outro texto de igual importância, ao tratar de uma das densificações mais tradicionais da idéia de soberania moderna (a lei), Habermas refere que, mesmo com toda a autoridade que as ciências possam reclamar para si nas sociedades modernas, as normas jurídicas já não ganham legitimidade pelo fato de os seus significados serem especificados, os seus conceitos explicados, a sua consistência provada e os seus motivos de pensamento uniformizados. O trabalho profissional jusdogmático pode contribuir para a legitimação quando ajuda a satisfazer aquela necessidade de fundamentação que se põe em evidência, na medida em que o direito se torna, no seu todo, um direito positivo. Em tal direção, podemos concluir que, no processo de validade pós-tradicional do direito, em princípio, as normas perderam no direito positivo o processo de validade habitual. As diferentes proposições jurídicas têm, por isso mesmo, que ser fundamentadas como parte integrante de uma ordem jurídica tornada, em resumo, compreensível a partir de princípios – em que os próprios princípios podem coligir uns com os outros e se encontram expostos a um exame discursivo. Em compensação, neste plano de discussões normativas, consegue-se pôr em evidência uma racionalidade que se encontra mais próxima da razão prática de Kant do que uma racionalidade puramente científica, que, em todo o caso, não é moralmente neutra (cf. HABERMAS, Jürgen. *Direito e Moral*. Instituto Piaget: Lisboa. 1986, p. 28-29).
[50] Já defendi esta idéia no texto LEAL, Rogério Gesta. *Teoria do Estado: cidadania e poder político na modernidade*. 2. ed. Porto Alegre: Livraria do Advogado, 2002.
[51] Quem analisa muito bem esta questão é FANO, Enrico (Org.). *Trasformazioni e Crisi del Welfare State*. Piemonte: Donato, 1993, p. 45 e segs.

Assim é que a Constituição brasileira de 1988, por exemplo, desde os seus art. 18 a 33 (tratando da organização do Estado em termos de suas entidades federativas, definindo-lhe a forma constitutiva, competências e responsabilidades específicas – algumas privativas, outras comuns e concorrentes), passando pela questão da organização dos Poderes de Estado (arts. 44 a 133), oportunidade em que demarcam igualmente a forma constitutiva deles e suas competências e atribuições (algumas privativas, outras comuns), estabelece, de forma induvidosa dimensões objetivas à efetividade do princípio da independência e da harmonia dos Poderes da República entre si (art. 2º).

Todavia, o que se tem visto, em verdade, é uma constante usurpação de tais previsões normativas – inclusive princípios –, envolvendo comportamentos estatais violadores da independência e da harmonia dos Poderes, de forma positiva e negativa, haja vista, por exemplo: (a) a excessiva atividade legiferante do Poder Executivo, no uso das Medidas Provisórias e outras matérias; (b) a progressiva inércia do Poder Legislativo em face de suas competências legiferantes próprias; (c) a criticada intervenção do Poder Judiciário em temas que, por vezes, se confundem com competências dos demais poderes.

Como referi em outra oportunidade,[52] é certo que isto tem ocorrido, em certa medida, em face do algum grau de complexidade das demandas e mesmo da exclusão social gerada pelo atual modelo de crescimento econômico nacional, divorciado de um programa de desenvolvimento social consentâneo, fazendo com que os Poderes Estatais sejam tensionados a estabelecer mediações à mantença de níveis de civilidade suportáveis junto à barbárie, evitando/minimizando a guerra ou a desobediência civil já instalada em diversos microterritórios urbanos e rurais, seja com projetos de leis que tentam retificar os erros cometidos ao longo de nossa

---

[52] Ver LEAL, Rogério Gesta. O Controle da Administração Pública no Brasil: anotações críticas. *Revista de Direito Administrativo e Constitucional*, v. 20, Belo Horizonte, abr./jun. 2005, p. 125-144.

história, ampliando a responsabilidade comunitária/solidária para com os mais necessitados;[53] seja com medidas judiciais compensatórias – e quase nunca satisfativas – à pacificação parcial daqueles conflitos;[54] seja com ações administrativas mais curativas que preventivas para gestar o caos em que a cidadania se encontra.[55]

Ao lado disto, é preciso ter-se em conta que, na tradição da Democracia Liberal brasileira, desde os seus primórdios, sempre se designou como único e verdadeiro padrão de organização institucional da sociedade aquele baseado na liberdade tutelada formalmente pela lei, na igualdade formal, na certeza jurídica, no equilíbrio entre os Poderes do Estado, forjando uma unanimidade sobre a pertinência de atitudes, hábitos e procedimentos, os quais, geralmente, refletiam a reprodução do *status quo* hegemônico e vigente. Em tal quadro, competia ao Estado de Direito tão-somente regular as formas de convivência social e garantir sua conservação; a economia converteu-se numa questão eminentemente privada, e o direito, por sua vez, tornou-se predominantemente direito civil, consagrando os princípios jurídicos fundamentais ao desenvolvimento capitalista (como os da autonomia da vontade, da livre disposição contratual e o *da pacta sunt servanda*).

Neste ponto, José Eduardo Faria é preciso:

> "Ao regular as relações e os conflitos sociais num plano de elevada abstração conceitual, sob a forma de um sistema normativo coerentemente articulado do ponto de vista lógico-formal, a lei nada mais é do que uma ficção a cumprir uma função pragmática precisa: fixar os limites das reações sociais, programando comportamentos, calibrando expectativas e

---

[53] Lei do Voluntariado, das Organizações Não-Governamentais, das Parcerias Público-Privadas, etc.

[54] Medidas judiciais garantidoras de fornecimento de medicamentos, de mantença do fornecimento de água e luz, etc.

[55] Projeto Fome Zero do Governo Federal, Projeto Merenda Escolar, Projeto de seguros às atividades agrícolas, etc. Todas estas iniciativas, a despeito de cumprirem com uma função social importantíssima, operam no âmbito do problema consumado, e não de sua prevenção.

induzindo à obediência no sentido de uma vigorosa prontidão generalizada de todos os cidadãos, para a aceitação passiva das normas gerais e impessoais, ou seja, das prescrições ainda indeterminadas quanto ao seu conteúdo concreto".[56]

Com tal perspectiva eminentemente formalista e neutral, há uma tendência ainda majoritária entre os juristas pátrios de reduzir os deveres do Estado a uma vinculação e controle do ordenamento jurídico vigente, negando o processo legislativo como um foro de enfrentamento ideológico e político, ao mesmo tempo que desconhecem que tanto o Direito como a Lei representam uma forma condensada das relações de força entre os grupos sociais que determinam a sua origem, seu conteúdo e sua lógica de funcionamento.

Ocorre que as novas condições de desenvolvimento do capitalismo internacional neste início de milênio e a inevitável inclusão do Estado, Sociedade e Mercado brasileiros neste processo explicitaram ainda mais a insuficiência de um governo que se quer neutro politicamente e afastado da lógica da economia e das mazelas que ele cria, isto porque os resultados desta transnacionalização de interesses e problemas vêm fazendo vítimas nos mais variados quadrantes e setores da sociedade nacional e internacional, agravando as diferenças de classe e submetendo significativa parcela da população a condições aviltantes de trabalho e vida.

Diante de tais circunstâncias, a meu sentir, o que se exige do novo modelo de Estado Democrático de Direito, enquanto gestor público (através de todas suas representações), é exatamente provimentos concretizadores dos objetivos, finalidades e princípios definidos pela

---

[56] Cf. FARIA, José Eduardo. *Justiça e Conflito*. São Paulo: Revista dos Tribunais, 1991, p. 134. No mesmo texto, o autor adverte para o fato de que este recurso usado pelo sistema estatal vigente, valendo-se de normas crescentemente indeterminadas e conceitualmente abstratas, termina por representar, sob a fachada de um formalismo jurídico dotado de funcionalidade legitimadora, a concentração dos processos decisórios no interior da ordem burocrática institucionalizada pelas esferas de poder oficiais, voltada à articulação, negociação e ajuste dos interesses dos grupos sociais e frações de classe mais mobilizadas.

Carta Constitucional. Mas que provimentos são estes? A resposta está dada preambularmente pela própria ordem constitucional, em toda a sua extensão (objetivos, finalidades, princípios, etc.). Quais os limites destes comportamentos estatais compromissados com a República desenhada? Este é um tema constantemente tencionado no cotidiano de todas as entidades federativas e poderes constituídos, conformando um dos centros neurais desta abordagem.

Tais aspectos são tão sérios que se têm formado, em determinados países mais desenvolvidos economicamente que o Brasil, concepções reducionistas daqueles limites, cujos fundamentos têm razões de justificação bastante estruturadas, dentre as quais destaco a norte-americana, quando assevera (por uma parte de seus juristas, politólogos e sociólogos) que a intervenção do Poder Judiciário na vida cotidiana da cidadania e dos Poderes Executivo e Legislativo não pode descurar da legitimidade matricial que identifica as ações destas instituições, oriundas de processos normativos e eletivos democráticos, bem como de competências constitucionalmente outorgadas pelos *constitutional father-fundations*.[57]

Tal preocupação tem sentido de ser, eis que nossa democracia representativa efetivamente está baseada na idéia de participação político-social por veículos institucionais e não-institucionais, devendo eles demarcar o que se pretende em termos de sociedade e país.[58] Daqui

---

[57] Como quer, por exemplo, ELY, John Ely. *Democracy and Distrust*. Cambrigde: Harvard University Press, 2000. Para este autor – e vários de seus seguidores –, Judicial review is necessary to safeguard minority rights, but democracy is the principle around which this nation's government was formed (p. 16). Mais tarde, alerta o autor que we can reason about moral issues, but reasoning about ethical issues is not the same as discovering absolute ethical truth. So we're where we where: our society does not, rightly does not, accept the notion of a discoverable and objectively valid set of moral principles, at least not a set that could plausibly serve to overturn the decision of our elected representatives (p. 54).

[58] Por óbvio que há, neste cenário, outros veículos não institucionais poderosos que participam decisivamente na política democrática, inclusive de forma perversa e alienante, como a mídia nacional e internacional. Neste sentido, ver o texto de GENRO, Tarso. *A questão democrática como questão da esquerda*. Texto inédito.

resulta que o Poder Judiciário (ou qualquer outro Poder Estatal) não tem o condão de *make public choices*, mas pode e deve assegurar aquelas escolhas públicas já tomadas por estes veículos, notadamente as insertas no Texto Político, demarcadoras dos objetivos e finalidades da República Federativa.[59] São tais indicadores que estão a reivindicar medidas efetivas para serem concretizados. Quando não efetivadas, dão ensejo à legítima persecução republicana para atendê-las, administrativa, legislativa e jurisdicionalmente.[60] Os limites destes comportamentos é que precisam ser melhor explorados, o que faremos mais adiante.

2.3. A perspectiva jurídico-constitucional da democracia contemporânea: variáveis históricas

Pode-se dizer de certa forma que a Teoria da Constituição da modernidade e até o final do século XIX, no Ocidente, esteve marcada distintamente por um viés liberal-burguês, tendo servido como uma grande âncora para os processos de resistência política e social do seu tempo, notadamente para os efeitos de superar a fase

---

[59] Importa lembrar aqui a contribuição de SCHMITT, Carl. *Teoria de la Constitución*. Madrid: Editorial Revista de Derecho Privado, 1947, p. 279, ao asseverar que a base fundante do poder do Tribunal Constitucional não está na sua capacidade de decifrar os desígnios da Constituição, mas na irrecorribilidade das suas decisões, isto porque, para ele, a faculdade de impor a palavra final no significado do texto constitucional é de competência eminentemente legislativa.

[60] Neste ponto, a cultura jurídica americana tem pontos de alta proteção em determinadas matérias, como as ações afirmativas envolvendo problemas raciais, fundando suas decisões efetivamente nas decisões legislativas tomadas a respeito. No caso Adarand Constructors, Incorporation *v.* Pena, *the Court held that all racial classifications, imposed by whatever federal, state, or local governmental actor, must be analyzed by a reviewing court under strict scrutiny* (cf. KLUGER'S, Richard. *The history of Brown v. Board of Education and Black America's Struggle for Equality.* New York: Vaden, 1996, p. 29). Alerta, ainda, o autor que: "The Court's decision to apply strict scrutiny to all racial classifications was partly based on a belief that such distinctions are almost always irrelevant to any legitimate government motive. The Court also indicated that strict scrutiny was necessary for all racial classifications because such classifications have a stigmatizing effect". (p. 53).

obscurantista dos governos exercidos pela força da tradição e dos costumes autoritários de segmentos aristocráticos e oligarcas do medievo.[61]

É a força da razão – inclusive na sua dimensão normativa e argumentativa – ocupando o espaço da força da tradição do poder físico de uns sobre os outros. Esta mesma razão é que vai erigir e exigir a explicitude dos fundamentos de justificação da forma e do exercício do poder, não mais vinculados às situações estanques de *status* nobiliárquico-hereditários ou religiosos, mas a critérios objetivos e laicos para aferir o novo padrão de análise e validade dos atos de governo e de poder: a sua legalidade.

Por tais razões é que os direitos civis e políticos das Constituições liberais cumpriram um papel importante ao seu tempo, porém não avançaram como poderiam à direção do social e de suas tensas demandas, matéria que não é objeto aqui enfrentar. Basta referir que a cultura da legalidade extremada que se instaura, limitando as ações do Estado aos termos permissivos do sistema jurídico, tinha tanto a preocupação de regular o Poder, como de ampliar as ações individuais do *homo-faber*, operando com a hipótese de que todos os bens e interesses, desde que não violadores de normas jurídicas, eram permitidos e disponíveis.

Aqui, aqueles direitos civis e políticos foram definitivos na elaboração conceitual e operacional da Democracia Moderna, eis que, desde a Declaração Francesa dos Direitos do Homem e do Cidadão, de 1791, é que a figura do cidadão esteve atrelada, de forma indissociável, à idéia de representação política pela via institucional, e não diretamente. Em outras palavras, o conceito de cidadania é concebido como o direito à representação política, enquanto o cidadão é definido como indivíduo nacional titular de direitos eleitorais (votar e ser votado) e do direito de exercer cargos públicos.[62]

---

[61] Ver, neste sentido, o texto de RUGGIERO, Guido de. *Historia del liberalismo europeo*. Madrid: Pegaso, 2001, p. 49 e segs.

[62] Cf. HELLER, Hermann. *Teoría del Estado*. México: Fondo de Cultura Económica, 1999, p. 112. Veja-se que esta mesma Declaração Francesa dos Direitos "do Homem e do Cidadão" vai, a partir de sua expressiva denominação,

Os Poderes estatais, por sua vez, restam divididos para que não aglutinem excesso de força e poder e para que se compromissem – uns em relação aos outros, e todos em relação ao social – pela mantença da ordem, segurança e paz coletivas. Todas estas questões estão sintetizadas nos parâmetros normativos de regulação da ordem pública e privada pela via constitucional, a qual representa, nas palavras de Bonavides, uma determinada *concepção de vida ou de um determinado sistema de valores, exprimindo componentes espirituais de uma realidade cultural*.[63]

Assim, dado que toda a Constituição estabelece as regras segundo as quais o Estado há de edificar-se e a Sociedade desenvolver-se, ou seja, as normas para aquisição e uso do poder e os fins a atingir na República, isto implica, obrigatoriamente, a permanente problematização das razões fundamentais da obrigatoriedade do poder político, da justificação da autoridade do Estado, da questão do sentido e dos limites das obrigações e dos direitos por todos assumidos.

---

consolidar a dicotomia que, até hoje, parece não ter sido superada, entre os direitos do homem e os direitos do cidadão, como se sujeitos históricos diferentes fossem. É a partir disto que outra dicotomia neural do liberalismo, que é a separação Estado/Sociedade Civil, vai consolidar-se na tradição política e jurídica ocidental. Através deste conceito, o Estado é um *locus* público, ou seja, lugar de política e poder; a Sociedade Civil, por outro lado, identifica-se com o espaço da vida privada, das relações econômicas e domésticas. Partindo desta dicotomia, o liberalismo sustenta uma postura antiestatal e antipolítica que o conduz não apenas a postular a atuação mínima do Estado, mas também a subestimar a existência do poder e da política na Sociedade Civil. Desta forma, produz uma drástica redução do escopo do político, que tem sua contrapartida na defesa da ampliação das fronteiras de mercado, desaconselhando a ação social e política com base na suposição de que apenas a ação econômica privada conduziria ao bem-estar social.

[63] Cf. BONAVIDES, Paulo. *Curso de Direito Constitucional*. São Paulo: Malheiros, 1996, p. 209. Aliás, é o próprio autor que lembra estar este debate em longínquo tempo já presente no país, na dicção de Rui Barbosa, por exemplo, quando afirmava: "Não há, numa Constituição, cláusulas a que se deva atribuir meramente o valor moral de conselhos, avisos ou lições. Todas têm a força imperativa de regras, ditadas pela soberania nacional ou popular aos seus órgãos. Muitas, porém, não revestem dos meios de ação essenciais ao seu exercício os direitos, que outorgam, ou os encargos, que impõem: estabelecem competência, atribuições, poderes, cujo uso tem de aguardar que a legislatura, segundo o seu critério, os habilite a se exercerem". (cf. BARBOSA, Rui. *Comentários à Constituição Federal Brasileira*. São Paulo: Imprensa Oficial, 1929, t. II, p. 489).

Mas, afinal, quem está autorizado a delimitar os limites de vinculação dos atores sociais e políticos ao conjunto de valores enfeixados pela ordem constitucional contemporânea, bem como em face dos princípios e objetivos da República? A quem compete dar guarida e efetividade a tal plexo axiológico e em que medida? Esta problemática vai se constituir num dos objetos centrais da Teoria da Constituição do final do século XX e início deste.

Para os liberais mais conservadores, os atores sociais e políticos capazes de exercitar o controle e a concretização da Constituição são somente aqueles habilitados e legitimados pelo sistema jurídico para tanto, em outras palavras, *nos limites de suas competências normativamente estabelecidas*.[64]

Nesta direção, há um escalonamento normativo vinculante estabelecendo – pela via das competências exclusivas, concorrentes e complementares – quais os sujeitos de direito habilitados a tomar determinadas decisões políticas e jurídicas com efeitos cogentes para todos. Assim ocorre, como referi antes, com as entidades e poderes federativos no Brasil (no âmbito dos arts. 21 a 30, 44 a 133, todos da Constituição Federal). Em tal matriz constitucional, notadamente nos Estados em que viceja certa cultura ancorada numa Teoria das Constituições Rígidas,[65] os princípios da separação dos Poderes e da harmonia entre eles tomam feições radicais, não aceitando interferências ou invasões de atribuições e competências.[66]

---

[64] Neste sentido, ver o texto positivista de GONZALEZ, Florentino. *Lecciones de Derecho Constitucional*. Buenos Aires: Bourret, 1909, p. 35 e segs. Na mesma senda, os trabalhos de: MALBERG, R. Carre de. *Teoria General del Estado*. México: Fondo de Cultura Económica, 1948, p. 113; BISCARETTI DI RUFFIA, Paolo. *Diritto Costituzional*. Milano: Versatto, 1987, p. 236; MYRDAL, Gunnar. *El Estado del Futuro*. México: Fondo de Cultura Económica, 1961, p. 82.

[65] Conforme quer MELLO, Oswaldo Aranha Bandeira de. *A teoria das constituições rígidas*. São Paulo: José Bushatsky Editor, 1980, p. 25 e segs. A perspectiva aqui é a de menor intervenção nas relações sociais e de mercado, eis que se confia na capacidade racional de auto-organização e desenvolvimento do homem.

[66] Isto se refletiu e tem se refletido, dentre outras áreas, no âmbito de algumas decisões judiciais, posicionando-se a Corte Suprema do país, por exemplo, no sentido de que *não cabe ao poder judiciário, que não tem função legislativa, aumentar vencimentos de servidores públicos sob fundamento de isonomia* (Súmula nº 339), porque tal tarefa compete ao Executivo e ao Legislativo de cada Estado, confirmando a perspectiva hígida da idéia de separação de Poderes e funções.

Tal posição, alicerçada numa concepção por demais formalista de sistema jurídico e de Constituição, concebendo-os mais como ordem estabelecida do que eleição axiológica de objetivos, finalidades e fundamentos das relações sociais e de poder, acelerou o insulamento do Estado (Juiz) das relações de poder que pulsam no tecido social, contribuindo, sem sombra de dúvidas, para a agudização das violações dos direitos humanos e fundamentais irrompidas no evolver do capitalismo em suas várias formas de explicitação.

Ocorre que, a partir da primeira metade do século XX, o processo de exclusão social e da marginalização provocado pelo modelo de crescimento econômico dissociado do desenvolvimento social que marca o contemporâneo estágio do capitalismo contribuiu, definitivamente, à revisão geral da Democracia Representativa e suas instituições (públicas e privadas), inclusive atingindo os Poderes de Estado, haja vista serem eles os depositários da vontade soberana popular.

Advém daqui, por exemplo, um dos principais fatores de ampliação e concentração de força por parte do Poder Executivo nos Estados ocidentais, eis que chamou para si responsabilidades de atendimento das demandas sociais emergentes em face dos cenários acima descritos em detrimento, é certo, do Poder Legislativo (que se ocupou de questões mais fisiológicas do que legiferantes dos espaços público e privado).[67]

Talvez se possa dizer que, em verdade, é toda uma concepção de Estado que entra em mutação a partir daquele período histórico, caracterizado por seus matizes mais sociais e compromissados com o restabelecimento de equilíbrios necessários em face das diferenças gritantes e desestabilizadoras de uma ordem mínima de civilidade. Isto não implica um único modelo de Estado Social, mas vários, eis que se formam ora com viés mais paternalista e assistencialista (tal qual o modelo de Estado Getulista no Brasil), ora com feições mais curati-

---

[67] Sobre o tema especificamente, ver LEAL, *Estado, Sociedade e Administração Pública, op. cit.*; e, também, SANDULLI, Armando Mantinni. *Stato di Diritto e Stato Sociale*. Napoli: Giappichelli, 2004, p. 39 e segs.

vas e compensatórias (tal qual o *Welfare State* e o *L'État d'Providence*), ora com natureza de classe social (tal qual o Estado Soviético).[68]

Da mesma forma, pode-se perceber uma ampliação de perspectiva funcional do Poder Judiciário, pelas mesmas razões supra-referidas, eis que, conseqüentemente, os níveis de tensão e confronto de interesses se avolumam. Mas que tipo de Poder Judiciário vai se forjar a partir deste entorno? Respeitadas as variáveis de um ou outro modelo de Estado anteriormente referido, pode-se afirmar que surge um Estado-Juiz mais compromissado com a mantença da pacificação das relações sociais, o que não implica compromisso com a mudança estrutural das relações de força mantidas nesta sociedade. Mas quais os efeitos práticos deste compromisso então?

Em primeiro plano, um Judiciário que vai se ocupar mais do tema que envolve a independência dos Poderes entre si e das formas de controles do exercício destes Poderes pelos diferentes órgãos da Administração Pública e do Legislativo. Em segundo lugar, um Judiciário que vai operar mais no âmbito preventivo das violações de direitos individuais e coletivos, dando maior efetividade à jurisdição como espaço de garantia e concretização das regras formais estabelecidas pelo sistema jurídico como um todo.[69] Não se trata aqui de um Poder Judiciário que tenha uma concepção necessariamente axiológica da Constituição como fundamento de validade de todo o sistema jurídico.

---

[68] Neste sentido, ver a excelente abordagem que faz do tema SERRANO, Rafael de Agapito. *Estado Constitucional y Processo Político*. Salamanca: Universidad de Salamanca, 1999, p. 23 e segs. Vale lembrar que quase todos estes modelos distintos de Estado tinham de comum um caráter muito mais protecionista e paternalista do que emancipador, eis que a condição da cidadania aqui ainda se revelava de extrema passividade recalcitrante do que de participação criativa. Na mesma direção, ver: CABELLERÍA, Marcus Vaquer. *La acción social: un estudio sobre la actualidad del Estado Social de Derecho*. Valencia: Instituto de Derecho Público, 2004; e, ainda, LEAL, Rogério Gesta. Possíveis dimensões jurídico-políticas locais dos direitos civis de participação social no âmbito da gestão dos interesses públicos. *Revista Direitos Sociais e Políticas Públicas*, n. IV, Santa Cruz do Sul, EDUNISC, 2004, p. 959.

[69] Cf. VANOSSI, Jorge Roberto. *El Estado de Derecho en el constitucionalismo social*. Buenos Aires: Eudeba, 2000. Ver, também, o trabalho de ARANGO, Rodolfo. *Derechos, Constitucionalismo y Democracia*. Colombia: Universidad Esternado de Colombia, 2004.

Estou de acordo com Antonio Luño quando assevera que é somente a partir da década de 1970 que vamos ver surgir um verdadeiro implemento conceitual e operativo à Democracia Contemporânea, na medida em que o Estado, enquanto gestor dos interesses públicos, é tomado como Estado Constitucional, ultrapassando a perspectiva neopositivista de Estado de Direito.[70] O que isto significa?

O autor espanhol nos lembra que, desde o início da década de 1970, alguns constitucionalistas europeus iniciaram um debate nominado por ele de *decantação terminológica* da tradicional expressão *Estado de Direito* (*Rechtsstaat, Stato di Diritto, Estado de Derecho*), explorando as possibilidades de um Estado Constitucional *(Verfassungsstaat, Stato Costituzionale, Estado Constitucional*).[71] Dentre estes autores, destacam-se as figuras de Peter Häberle, Martin Kriele, Klauss Stern, Ernst-Wolfgang Böckenförde, Antonio Baldassere, Stéfano Rodotà, Gustavo Zagrabelsky, Eduardo García de Enterría, Aguiar de Luque, Sanchez Ferriz, Garcia Pascual, Peña Freire, Rubino LLorente, Manuel García Pelayo, entre outros.

Em tal perspectiva, concordando com Luño, é possível verificar, no âmbito do nominado Estado Constitucional, em termos de vinculação normativa às relações sociais, (a) um certo deslocamento da primazia da lei à primazia da Constituição; (b) um deslocamento da reserva da lei à reserva da Constituição; (c) outro deslocamento do controle jurisdicional da legalidade ao da constitucionalidade. Tais deslocamentos, além de priorizar o Texto Político como fundamento de validade de todo o sistema jurídico, ainda destacam as funções axiológicas da Constituição que estabelecem as diretrizes fundacionais deste sistema, delimitando as possibili-

---

[70] Cf. LUÑO, Antonio-Enrique Pérez. *La Universalidad de los Derechos Humanos y el Estado Constitucional*. Colombia: Universidad Externado de Colombia, 2002, p. 58.

[71] Tema já explorado anteriormente – ainda que de forma mais tímida – por SCHMITT, Carl. *Teoria de la Constitución*. Madrid: Alianza Editorial, 1928; e, também, LOEWENSTEIN, Karl. *Teoria de la Constitución*. Barcelona: Ariel, 1987.

dades dos ordenamentos e normas jurídicas, bem como a regulação de comportamentos e condutas sociais.

Ao lado disto, a idéia de Estado Constitucional amplia significativamente a natureza política e os compromissos comunitários dos Poderes Estatais, pois igualmente vinculados aos objetivos e finalidades da República, compromissados com os valores positivados pela cidadania através do Poder Constituinte originário.[72] Da mesma forma, legitima diversos outros espaços e atores para os efeitos de controle e concretização destes preceitos constitucionais, instituindo instrumentos arrojados para tanto, como (no Brasil) Mandado de Segurança Coletivo, *Habeas Data*, Mandado de Injunção, Sistemas de Controle de Constitucionalidade Concentrado e Difuso, Ação de Descrumprimento de Preceito Fundamental, etc.[73]

Na dicção de Queiroz, opera-se uma verdadeira *mudança de função (e significado) na Constituição*, eis que ela não representa tão-somente a fronteira entre o Estado e a Sociedade, como no modelo constitucional liberal, nem tampouco se apresenta como um mero sistema de regras para a luta política *(Rahmenordnung)*, que o legislador se encontra obrigado a respeitar. *A Constituição hodierna compreende um projecto político, um modelo de*

---

[72] Como quer Müller: "Os poderes 'executantes' [*ausführenden*] Executivo e Judiciário não estão apenas instituídos e não são apenas controlados conforme o Estado de Direito; estão também comprometidos com a democracia. O povo ativo elege os seus representantes; do trabalho dos mesmos resultam (entre outras coisas) os textos das normas; estes são, por sua vez, implementados nas diferentes funções do aparelho de Estado: os destinatários, os atingidos por tais atos são potencialmente todos, a saber, o 'povo' enquanto população. Tudo isso forma uma espécie de ciclo [*Kreislauf*] de atos de legitimação, que em nenhum lugar pode ser interrompido (de modo não-democrático)". (vide MÜLLER, Friedrich. *Quem é o povo? A questão fundamental da democracia*. São Paulo: Max Limonad, 1998, p. 60).

[73] Há toda uma produção literária que aborda este fenômeno sob a perspectiva política também, *ex vi*: AVRITZER, Leonardo. Cultura Política, atores sociais e democratização. *Revista Brasileira de Ciências Sociais*, n. 28, São Paulo, jun. 1995; AVRITZER, Leonardo. Teoria crítica e teoria democrática. *Novos Estudos CEBRAP*, n. 53, São Paulo, mar. 1999; BENHABID, Seyla. *Democracy and Difference – contesting the Boundaries of the Politics*. New Jersey: Princeton Press, 1996; CALHOUN, Crai (Org.). *Habermas and the Public Sphere*. Cambridge: MIT Press, 1996; SHAPIRO, I.; HACKER-CORDÓN, C. *Democracy's Edges*. Cambridge: Cambridge University Press, 1999; TREND, David. (Org.). *Radical Democracy*. London: Routledge, 1995.

desenvolvimento para o futuro, um futuro que não se pode prever, mas apenas construir.[74] Constitui, nestes termos, um projeto inacabado, um processo constituinte tornado permanente que liga o presente ao futuro.

Trata-se, ao fim e ao cabo, de uma perspectiva cívica da Constituição (*civic constitutional vision*), em que:

"Political society is primarily the society not of right bearers but of citizens, an association whose first principle is the creation and provision of a public realm within which a people, together, argue and reason about the right terms of social coexistence, terms that they will set together and which they understand as their common good. Hence, the state is justified by its purpose of establishing and ordering the public sphere within which persons can achieve freedom in the sense of self-government by the exercise of reason in public dialogue".[75]

Na mesma senda e ampliando o significado da Norma Constitucional anda Böckenförde, quando sublinha a ultrapassagem do conceito de *constituição* como *ordem quadro (Rahmenordnung)* para uma *ordem fundamental da comunidade* (que compreende o Estado e a sociedade com os seus fundamentos básicos). De acordo com essa concepção, os direitos fundamentais deixariam de ser percebidos, fundamentalmente, numa relação meramente vertical Estado/cidadãos, para se conceberem a partir de mecanismos horizontais de garantia e proteção das relações sociais e intersubjetivas.[76]

---

[74] QUEIROZ, Cristina M. M. *Direitos Fundamentais* (Teoria Geral). Faculdade de Direito da Universidade do Porto: Coimbra, 2002, p. 230. Remeto também para o debate desta matéria um antigo texto de FERRAJOLI, Luigi. *El Estado Constitucional de Derecho hoy: el modelo y su diferencia con la realidad.* In: IBAÑEZ, Andrés. Corrupción y Estado de Derecho: el papel de la jurisdicción. Madrid: Civitas, 1996, p. 29, no qual lembra o autor que o Estado de Direito Constitucional de Direito não é mais do que a dupla sujeição do direito ao direito, gerada por uma dissociação entre vigência e validade, entre forma e substância, entre legitimação formal e substancial, ou, se se quiser, entre as weberianas racionalidade formais e racionalidades materiais.

[75] Cf. MICHELMAN, Frank. Political Truth and the Rule of Law. *Harvard Law Review*, v. 114, Cambridge, 1988, p. 29.

[76] BÖCKENFÖRDE, Ernest-Wolfgang. *Grundrechte als Grundstatznormen. Zur gegenwärtige Lage der Grundrechtsdogmatik,.* In: E.-W. Böckenförde, "Staat, Ver-

A partir desta proposta constitucional, na doutrina de Peter Häberle, só a título exemplificativo, há uma radicalização dos responsáveis pela interpretação/aplicação deste Texto Político, eis que o autor alemão insiste no fato de que se tem que contar com um público mais amplo do que os juristas especializados para dar efetividade aos valores da norma fundamental, preconizando uma sociedade aberta dos intérpretes constitucionais.[77]

Um dos pressupostos centrais do pensamento häberliano é o reconhecimento de que a indeterminação do texto constitucional só admite pensar em "constituição interpretada", em que a idéia de "mutação constitucional" desta hermenêutica, conforme a atuação e contribuição dos cidadãos, grupos sociais e órgãos estatais daquele momento histórico, é fundamental.[78]

O pensamento alemão contemporâneo conta com doutrinas neste sentido, haja vista a dicção de Müller:

> "Se a constituição deve desenvolver força normativa, a 'vontade à constituição', que é uma vontade para seguir ou concretizar e atualizar a constituição, não pode permanecer restrita à ciência jurídica enquanto titular da função no sentido mais amplo e os titulares de funções no sentido mais estrito, que foram instituídos, encarregados, legitimados e adotados de competências de decisão e sanção pela constituição e pelo ordenamento jurídico, mediante prescrições de competências".[79]

Segue advertindo o autor que a tipicidade da Constituição é formulada de teores materiais, exigências, programas e esforços políticos, posições jurídicas, formulações de teoria do Estado, etc. A restrição do olhar à

---

fassung, Demokratie. Studien zur Verfassungstheorie und zum Verfassungsrecht". Frankfurt: F. s/Meno, 1991, p. 174.

[77] Cf. HÄBERLE, Peter. *Libertad, igualdad, fraternidad. 1789 como historia, actualidad y futuro del Estado Constitucional.* Madrid: Trotta, 1998; HÄBERLE, Peter. El legislador de los derechos fundamentales. In: PINA, António Lopes *et al. La garantía constitucional de los derechos fundamentales.* Madrid: Civitas, 1991.

[78] Cf. HÄBERLE, Peter. *Hermenêutica Constitucional.* Porto Alegre: Fabris, 1997, p. 39.

[79] Cf. MÜLLER. *Métodos de trabalho de direito constitucional, op. cit.,* p. 29.

sua forma de linguagem e a uma sistemática verbal impede o acesso aos teores materiais normatizados e, com isso, ao fato de o direito constitucional positivo possuir um teor material normativo.[80]

Todo este clima de debate jurídico vai gerando um resgate de cultura constitucional, permitindo a sensibilização dos operadores do direito – públicos e privados – em relação à natureza multidisciplinar do sistema jurídico e de sua aplicação, ainda sem corrigir, todavia, experiências centralizadoras de poder e governo, tais quais como as desenvolvidas pelo Poder Executivo em face do Poder Legislativo, atrofiado e pouco legiferante.

A verdade é que também o Poder Judiciário vai alterando sua postura diante dos cenários que vão se desenhando, eis que o aumento das demandas vão gerando défices enormes de direitos fundamentais, pressionando todos os poderes instituídos a darem respostas a estas questões.

Cada uma destas instituições, a sua maneira, relaciona-se de formas diferentes com a sociedade: o Executivo, pela via dos serviços e políticas públicas, com investimentos compensatórios, preventivos e curativos em face dos problemas que lhe acorrem; o Legislativo, com menos atividade legiferante de iniciativa própria e mais comportamentos de controle e aferição política do Executivo (através de comissões parlamentares para assuntos diferenciados); o Judiciário, avançando na direção de garantidor das prerrogativas constitucionais e infraconstitucionais de toda a comunidade, bem como desenvolvendo algumas ações de concretização de direitos que, a despeito de previstos no sistema normativo, não têm recebido a devida atenção dos demais Poderes estatais (saúde, educação, trabalho, segurança, etc.).

É a partir deste quadro que podemos aceitar a tese de Bercovici, no sentido de que o Brasil hoje possui uma Teoria da Constituição de nível elevado, preocupada com as questões da interpretação constitucional e do controle de constitucionalidade; todavia – e este é o

---

[80] MÜLLER. *Métodos de trabalho de direito constitucional, op. cit.*, p. 34.

centro do debate que quero propor –, não consegue lidar de maneira satisfatória com os problemas políticos, sociais e econômicos inerentes à nova ordem constitucional no país, isto porque *as soluções apresentadas situam-se entre o instrumentalismo constitucional e a crença no Poder Judiciário como "salvador da República", ou a adoção de concepções processuais da Constituição, limitada a um instrumento de governo ou a uma carta símbolo da identidade nacional.*[81]

Se no plano da dimensão fática é certo afirmar que os Poderes públicos instituídos têm instabilizado significativamente o equilíbrio republicano da independência e harmonia entre eles, alcançando com isto alguns pilares centrais da democracia representativa, não é menos correto asseverar que o Poder Judiciário, em particular, nos últimos tempos, tem assumido comportamentos e condutas cada vez mais amplas, judicializando temas e questões que possuem, em tese, natureza política e social atinentes também e, quiçá precipuamente, a outras esferas e espaços de deliberação pública (como o Parlamento e o Executivo).

A despeito das profundas matrizes teóricas e reflexivas que poderia adotar a partir daqui,[82] para os fins de fazer uma avaliação desta matéria, bem como o seu evolver histórico (notadamente no Brasil), por absoluta falta de tempo e espaço exploratório nos limites deste livro, opto por eleger de pronto as contribuições trazidas por Jürgen Habermas ao *thema*, verificando em que medida elas somam esforços no sentido de se encontrar respostas aos problemas até agora destacados, especial-

---

[81] Cf. BERCOVICI, Gilberto. *A Constituição Dirigente e a Crise da Teoria da Constituição*. Rio de Janeiro: Lumen Juris, 2003, p. 77.

[82] Como a experiência norte-americana, por exemplo, que mais do que nunca problematiza esta questão no cotidiano de sua jurisdição. Remeto à leitura dos trabalhos de ELY, *op. cit.*; DWORKIN, Ronald. *Freedom's law – the moral reading of the American constitution*. Cambridge, Massachusetts: Harvard University Press, 1996; DWORKIN, Ronald. The judge's new role: should personal convictions count? *Journal of International Criminal Justice*, v. 1, New York, mar. 2003, p. 04-12; TRIBE, Laurence H. *Constitutional Choices*. Cambridge: Harvard University Press, 1985; MICHELMAN, Frank. Democracy and Positive Liberty. *Boston Review*, February/March, 2004, p. 119-143.

mente os que envolvem os limites da jurisdição no Estado Democrático de Direito.

2.4. Matrizes reflexivas habermasianas sobre os limites de ação do Poder Judiciário na democracia contemporânea

Como já referi dantes, uma das principais questões debatidas hoje no cenário da Teoria Política Contemporânea ocidental diz respeito aos pontos de esgotamento de algumas instituições e concepções da Democracia Moderna e suas necessárias superações em face de conjunturas societais altamente complexas e diferenciadas. Neste sentido, David Rasmussen tem questionado:

> "If it is the case that the modern constitutional state has been established through the process of democratic will-formation which can be reconstructed along the lines of private and public autonomy, which ideally conceived would fellow the principles of a form of rationality as set forth in a discourse theory of law, would not the role of judges and the judiciary be significantly altered?".[83]

Parece-nos que a resposta é positiva, alcançando, em verdade, a todos os Poderes estatais, haja vista que eles não mais têm condições de presentificarem todas as demandas sociais existentes, pretendendo unificá-las em sínteses integradoras perfeitas e acabadas, simplesmente porque isto é impossível em face das diferenças inconciliáveis (ao menos no plano fático) que as marcam.

Podemos detectar isto, por exemplo, no âmbito interno do Estado, de forma pontual, detectando a competição ferrenha que há entre o Poder Judiciário e o Parlamento, de um lado, para os fins de delimitar regras

---

[83] Cf. RASMUSSEN, David. M. *Habermas, Modernity and Law*. London: Sage Publications, 2005, p. 36. Na seqüência, pergunta o autor: "Further, if the role of the judiciary were to be altered would it not also transform the role of Supreme Courts who assert the right of judicial review?"

de comportamento social cotidiano,[84] e, de outro lado, em face das posturas tomadas pelo Poder Executivo no afã de atender de forma rápida e eficaz (seja numa perspectiva republicana e democrática, seja numa perspectiva casuística e eleitoreira) as demandas igualmente urgentes e velozes que lhe acorrem cotidianamente.

No plano jurisdicional, o problema tem tomado proporções no mínimo polêmicas, eis que todas estas reflexões têm trazido à tona a questão da *validity of court procedures in reference not only to law but also to political processes.*[85]

A tese de Habermas, aqui, diz respeito ao fato de que o problema fundamental desta invasão do Poder Judiciário no âmbito de relações sociais que deveriam estar marcadas pela decisão político-representativa, é que o conceito de direitos subjetivos que caracterizam estas relações está forjado numa concepção do paradigma liberal da autonomia privada,[86] transformando todos os interesses em disponíveis e passíveis de tutela jurisdicional pervasiva e intervencionista. Na verdade, a autonomia pública, como resultado de um processo de interlocução subjetiva entre sujeitos políticos da sociedade civil, restou – na dimensão jurídica – reduzida a um plano de indiferença normativa, eis que a todos é permitido fazer ou deixar de fazer qualquer coisa não vedada pela lei, como se fossem seres isolados do mundo e da sociedade, e que suas ações, mesmo que não vedadas pela lei, não provocassem impactos violentos no entorno em que ocorrem, ou seja, *under the liberal*

---

[84] Neste sentido, ver o texto de SPIRO, Peter. *The Judiciary and Legislation: on the role and legitimacy of Constitutional Adjudication.* New York: Westview Press, 2005, p. 119, em que o autor lembra que o grande desafio contemporâneo é "how to make the institutions of the day fit with an ideally conceived theory of rationality". Indo mais longe, o autor chegar a asseverar que: "In Anglo-Saxon jurisprudence, judges have been belligerent in their desire to retain their right to make judgments in accord with their own wisdom without having to account for theories of rationality propounded by philophers, and legislators".

[85] Ibid. p. 128.

[86] The failure of the liberal paradigm was to derive rights from private autonomy. Here, under the liberal paradigm the Supreme Court would exist to defend the rights of individuals, rights which have been conceived as represented through legislative decisions that have been now become valid law.

paradigm the constitution separated the activity of the courts from the politics of the state and economic society.[87]

Se for verdade que a nova – correta e necessária – postura do Estado Democrático de Direito vem ao encontro de medidas urgentes voltadas às garantias da dignidade da pessoa humana, no sentido de minimizar os efeitos do modelo de crescimento econômico imposto pelo mercado transnacionalizado (sem transformá-lo radicalmente), cumprindo quiçá um papel revolucionário (tal qual o da burguesia e do Estado de Direito quando do rito de passagem do medievo à modernidade), da mesma forma que o Estado de Direito burguês, este contemporâneo Estado tem sido cooptado por interesses corporativos dos agentes do mercado, transformando-se em grande gestor de interesses muito mais privados do que públicos, tornando ainda mais avassalador o seu insulamento em face da Sociedade Civil.

Por certo que os Poderes públicos, nestas diferentes experiências políticas e normativas referidas, tomaram posições diferenciadas e importantes à superação de determinados níveis de crises institucionais e populares, porém, especificamente desde o modelo de Estado Social de Direito (oriundo desde os umbrais do século XX), o perfil do Estado tem sido o de interventor, realizando ajustes não-estruturais na forma de funcionamento das relações intersubjetivas e materiais dos atores políticos, mas meramente conjunturais, para fins de estancar e diminuir os níveis das mazelas provocadas.[88]

Assim agindo, o Estado chamou para si a responsabilidade exclusiva de responder pelo pacífico e ordeiro equilíbrio social, garantindo que tudo continuasse a ser como sempre foi, haja vista que se coloca enquanto garante de uma ordem e de uma paz economicamente pautada por um projeto de sociedade não-democrática de exclusão social, eis que não permite que seja perpassado pela soberania popular em todas as instâncias do

---

[87] Cf. POST, Robert. *The social foundations of privacy: community and self in the Common Law Tort.* Boston: Harvard University Press, 2004, p. 62.

[88] Ver o texto de PASCUAL, Carlo García. *Legitimidad Democrática y Poder Judicial.* Valencia: E. Alfons el Magnánin, 2001, p. 49 e segs.

agir político, a uma, por falta de perspectiva substancial da natureza compartilhada do poder político contemporâneo; a duas, por ausência de perspectiva procedimental e pragmática das formas de viabilizar algo diferente em termos de concepção e gestão de interesses efetivamente públicos, comprometida com aquela soberania.[89]

Destarte, ao menos em grande parte dos países de modernidade tardia e economia dependente, como o Brasil, é possível visualizar, daquele período em diante, o surgimento de um Judiciário promovedor de medidas sociais compensatórias e mesmo satisfativas para determinadas demandas individuais e coletivas, e aqui podemos citar os casos das decisões judiciais envolvendo fornecimento de medicamentos, garantia de energia elétrica e água, que se avolumam nos Tribunais de todo o país.[90]

Veja-se que mesmo em países da Europa Central tem-se estendido de uma certa forma o que podemos chamar de matriz norte-americana de revisionismo constitucional,[91] aqui entendido como o que realiza, na solução de casos concretos, uma interpretação extensiva dos princípios constitucionais de igualdade, de um lado, e da validade do princípio democrático, de outro, para os fins de dar maior efetividade ao plexo de garantias normativas institucionalizadas à cidadania.

Estas novas realidades que se criam, para alguns juristas, impõem que os juízes descubram, definam, harmonizem e justifiquem o peso concedido aos diferen-

---

[89] De qualquer sorte, não se pode olvidar que o Estado Social cumpriu com uma função de resistência e mesmo sobrevivência de camadas sociais absolutamente vilipendiadas pelas estruturas de poder vigentes desde os primeiros passos da Idade Moderna, transformando o perfil de insulamento e passivo dos Poderes Executivo, Legislativo e Judiciário, fazendo com que eles saíssem à frente de mudanças paliativas, mas indispensáveis à mantença de níveis mínimos de civilidade restaurativa do tecido social.

[90] Neste cenário, há toda uma rede de fomento para que os juízes desempenhem um papel especial e importante, pois, através de perquirições interdisciplinares, vão delimitando os *interesses sociais,* para os fins de equilibrar e estabelecer contrapesos jurisdicionais em face das diferentes reivindicações societárias, criando eles próprios regras apropriadas que refletem esse equilíbrio.

[91] Na dicção de BORK, Robert H. *The Tempting of América. The Political Seduction of the Law.* Nova Iorque: The Free Press, 1990, p. 187.

tes interesses e valores societários, que determinem os princípios constitucionais que subjazem à decisão do caso particular.[92]

Estes comportamentos jurisdicionais, na verdade, se são importantes numa análise de cumprimento de sua função social imediata, não podem ser tomados como fórmulas substitutivas e mesmo emancipadoras dos demais poderes instituídos e de suas funções democráticas – inclusive no plano filosófico do seu significado –, eis que precisam ser cotejados no âmbito específico da idéia revisada de Democracia Representativa, ainda vigente nos sistemas políticos ocidentais.[93]

Na verdade, o que está em jogo é saber dimensionar, neste particular, as diferenças constitutivas das atividades/funções legislativas, executivas e judicantes numa ordem democrática e os significados disto em termos de Democracia Representativa.[94]

Numa Constituição que se pretende axiologicamente definida como Democrática, o plexo valorativo que contém autoriza por si só medidas e ações concretizadoras do modelo de sociedade que sinaliza por qualquer ator político? Ou ainda mantêm-se determinadas regras

---

[92] Como quer HENKIN, Louis. *Infability under Law: Constitutional Balancing.* In: 78 Columbia Law Review (1978), pp. 1022 ss., 1024, 1048: "it requires judges to find, define, articulate, and justify the weights given to interests and values (...) to determine constitutional doctrine or its application". Ainda nesta direção, Christhofer Wolfe, ao asseverar que o dever dos tribunais seria o de executar os amplos fins constitucionais, fazendo as leis necessárias e adequadas à sua concretização (*In The Rise of Modern Judicial Review. From Constitutional Interpretation to Judge-Made Law.* Nova Iorque: Macklumann, 2004, p. 215-216.).

[93] Reforça esta idéia LEAL, Rosemiro Pereira. Processo e Hermenêutica Constitucional a partir do Estado de Direito Democrático. *Revista do Curso de Direito da Faculdade de Ciências Humanas – FUMEC*, v. 6, Belo Horizonte, 2003, p. 29: "A escolha axiológica e personalíssima do bom ou deontológica do correto, a pretexto de que só o intérprete-aplicador de um direito de sua exclusiva compreensão teria voz audível pela sentença, desconhece que o provimento é um discurso suscetível a igual taciturnidade quando proferido à distância da lei, porque a voz do juiz, na Sociedade Jurídico-política de Direito Democrático, há de ser legífona e não autófona".

[94] E não estou dizendo, com isto, que "Judging serves the community in two ways: by doing justice according to law in each case and by maintaining the rule of law in the community at large", como quer BRENNAN, Gerard. *Judicial Ethics in Australia.* Sidney: LBS, 1997, p. 119, numa perspectiva reducionista da função jurisdicional nas democracias contemporâneas, como deixo claro abaixo.

de competência e autoridade institucional em face das atribuições normativas que o próprio Texto Político confere a determinados agentes sociais? Tais regras devem ser interpretadas com que grau de independência e autonomia, ou em que medida podem ser violadas e por quem? Em que situações?

Habermas coloca este debate também no âmbito da justificação e da aplicação do sistema normativo:

> "In any case, the constitutional judicial review initiated by individual cases is limited to the application of (constitutional) norms presupposed as valid; thus the distinction between discourses of norm application and those of norm justification offers at least an argumentation-theoretic criterion for demarcating the respective tasks that the judiciary and the legislature can legitimately accomplish".[95]

O autor alemão aqui estaria interpretando a Constituição na direção que Jonh H. Ely[96] o faz, ou seja, de uma forma processual; a Constituição como o instrumento que regula a organização e a solução processual de problemas sociais. Para Habermas, a Suprema Corte, enquanto intérprete da Constituição, deveria ocupar-se dos procedimentos e das normas de organização das relações sociais, a partir das quais se efetiva a legitimidade do processo democrático.[97]

O problema central nesta fala de Habermas é que ela não pode ser descontextualizada de sua obra como um todo,[98] no sentido de ter em mente a importância da

---

[95] Cf. HABERMAS, Jürgen. *Between facts and norms: contributions to a discourse theory of law and democracy*. Cambridge: MIT Press, 1998, p. 119.

[96] Cf. ELY, *op. cit.* Habermas lembra que Ely "parte da idéia de que a Constituição Americana regula, em primeira linha, problemas de organização e procedimento, não sendo talhada para a distinção e implementação de valores fundamentais" (cf. HABERMAS, Jürgen. *Direito e Democracia: entre faticidade e validade*. Rio de Janeiro: Tempo Brasileiro, 1997, v. 1, p. 326).

[97] "The Supreme Court in turn as the interpreter of the constitution would look after procedures and organizational norms upon which the legitimating effect of democratic process depends" (cf. HABERMAS, *Between facts and norms, op. cit.*, p. 338).

[98] Pierre Guibentif adverte para o fato de que, quando Habermas trata destes temas, mister é que tenhamos em conta a integralidade de sua obra, eis que "the preoccupation with modes of democracy and democratization of the

---

O Estado-Juiz na Democracia Contemporânea
UMA PERSPECTIVA PROCEDIMENTALISTA

Democracia Representativa e sua maturação política e racional – que passa pela questão de uma comunicação não-coatada dos cidadãos em geral –, oportunizando a existência de uma cidadania ativa e co-responsável pelo processo de gestão dos interesses comunitários.[99] Por esta razão é que Habermas não pode aceitar com facilidade a supressão da instância representativa e presentativa de uma sociedade emancipada dos grilhões autoritários das falas políticas monológicas, em nome de uma nova *inteligentsia* institucional, ciosa e acima do bem e do mal (como o Poder Judiciário), responsável pela concretização dos valores constitucionais.

A partir destas reflexões, um problema de cumprimento ou não de normas de condutas sociais cogentes não é um problema exclusivamente jurídico, mas político, cultural, econômico, etc., estando em jogo aqui *the conditions which (would) make possible rational discussion of public affairs and democratic decision-making.*[100]

Não se trata simplesmente de afirmar, pois, que Habermas é contra a jurisdição constitucional, ou contra os Tribunais Constitucionais, no sentido de que sejam garantidores das promessas do Texto Político, mas é

---

public sphere go back to his original work 'The Structural Transformation of the Public Sphere'. His interpretation of the history of law goes back to and parallels his treatment of the history of philosophy in 'The Philosophical Discourse of Morality'. Finally, he is able to make good in a public way on the thesis about communication first fully formulated in 'The Theory of Communicative Action". (GUIBENTIF, Pierre. *Approaching the production of law through Haberma's concept of communicative action.* London: Sage, 2004, p. 43). Aliás, cumpre igualmente lembrar que se a teoria da racionalidade comunicativa ocupa posição privilegiada no pensamento de Habermas, mister é que se tenha em conta que tal racionalidade não é metafísica, mas se exterioriza no mundo-da-vida e serve de fundamento normativo para a teoria social crítica. De modo que os conceitos de razão comunicativa e mundo-da-vida são utilizados como fundamento de sua teoria social crítica, sendo que o mundo-da-vida constitui o contexto da situação da ação social.

[99] Por tais razões, "communicative and participatory rights constitutive of democratic will-formation acquire a privileged position" (HABERMAS, Jürgen. *Justification and application: remarks on discourse ethics.* Cambridge: MIT Press, 1995, p. 24). Na verdade, como refere RASMUSSEN, *op. cit.*, p. 82: "The Aristotelian connotations of this view are apparent. The classic line is that politics is to be associated with the public good and grounded in the ethical activity of the citizenry".

[100] Cf. OUTHWAITE, William. *Habermas: a critical introduction.* New York: Polity Press, 2004, p. 137.

preciso entender que, na perspectiva de uma sociedade republicana e democrática habermasiana, marcada pela radicalização dos espaços de participação e interlocução política racional, a idéia de uma instância privilegiada de dicção dos *standards* e pautas deontológicas normativas é tão arbitrária quanto a centralização do Poder nas mãos de um Parlamento ou Executivo imperiais.[101]

Por ter esta natureza política e sociológica – mais que jurídica –, precisa-se compreendê-la enquanto argumento racional constitutivo de atos de fala justificadores e fundamentadores de comportamentos públicos e privados na vida cotidiana. Não sendo assim, corre-se o risco de simplificar a proposição reflexiva do autor.

Afinal, a pergunta que acompanha Habermas neste debate é seguinte: *How is valid law possible?* O centro nevrálgico de início desta resposta passa exatamente pela compreensão da natureza política do sistema jurídico e de seus ordenamentos e normas, bem como pelo necessário esgarçamento da esfera pública deliberativa, que deve constituir estes instrumentos e mecanismos regulatórios. Afinal, *the law can transform the weak force (kraft) of uncoerced, intersubjectively shared convictions into a socially integrative power (macht) ultimately capable of overcoming every instance of mere force (gewalt).*[102]

O que interessa a Habermas destacar neste particular é exatamente *qual* e *como* deve ser o processo de criação legítimo da norma jurídica, em face de sua função integradora e reguladora das relações sociais (e mesmo intersubjetiva), alcançando sujeitos que possuem capacidade racional de discernimento suficiente para operarem como interlocutores no cenário em que ocorrem estas relações e deliberações. Tais sujeitos devem construir formas de comunicação não-coatada pela ideologia hegemônica, elitista e excludente do mercado, a fim de produzir pactos semânticos fundadores dos argumentos justificatórios de seus interesses e projetos de vida, a ponto

---

[101] Ver HABERMAS, Jürgen. *Communication and the evolution of society.* Boston: Beacon, 1989, p. 49.
[102] Cf. HABERMAS, Jürgen. *Interpretive Social Science x Hermeneuticism.* New York: Columbia University Press, 1983, p. 251-269.

de serem contrastados/tensionados com as perspectivas e pretensões do mundo da vida em que ocorrem.[103]

Ora, este quadro tipológico e ideal desenhado por Habermas[104] é condição de possibilidade de uma Democracia que se queira legitimada pela soberania popular, eis que outra forma seria a da representação desgastada dos sistemas e veículos tradicionais do Liberalismo Político, transmutando pela via formal e tecnobrucrática das instituições oficiais projetos corporativos de minorias em políticas públicas governamentais.[105] Aqui, Habermas distancia-se de algumas teses de Max Weber sobre a matéria, notadamente a de que *the rationality inherent in the judicial form itself which provided legitimacy for domination exercised in legal forms.*[106]

Numa sociedade em que a comunicação política se dá de forma autônoma (o máximo possível, eis que a plenitude de tal modelo é tão-somente tipológica-argumentativa), com mecanismos de visibilidade plana e

---

[103] Daí ser equivocado afirmar, como quer STRECK, Lenio Luiz. *Jurisdição Constitucional.* 2. ed. Rio de Janeiro: Forense, 2004, p. 173-175, que, para Habermas, uma comunicação sem constrangimento nem distorção pressupõe uma sociedade definitivamente emancipada, com indivíduos autônomos, estando estes, em verdade, ao lado da realidade. É exatamente ao contrário: a possibilidade de emancipação humana dos grilhões conjunturais que aprisionam o sujeito histórico habermasiano viabiliza-se pela (hipótese-argumentativa) capacidade racional de interlocução caracterizadora do homem moderno, operada a partir de procedimentos e instâncias democrático-igualitárias compromissadas com o entendimento persuasivo dos melhores argumentos (estes igualmente forjados em meio à historicidade argumentativa e axiológico-cultural das relações societais). Daí advém o conceito de *Sociedade Democrática,* como resultado destes processos e procedimentos, não a partir da mônada individual do homem moderno, mas de suas interações tensas e conflituosas mediadas pela linguagem em suas mais diversas manifestações normativas. Aliás, o mesmo autor (p. 175) reconhece que tais pressupostos habermasianos constituem perspectivas propositiva e epistêmica, e não meramente analítica, portanto, não passíveis de serem identificadas tão-somente no plano deontológico ou pragmático.

[104] Cf. HABERMAS, *Communication and the evolution of society, op. cit.,* p. 17, destacando, aqui, a importância do argumento motriz da reflexão habermasiana referente à "original idea of the self-constitution of a community of free and equal citizens". Em tal perspectiva, "the authonomy of citizens and the legitimacy of law refer to each other".

[105] Aliás, Habermas lembra que "the liberalism going back to Locke has, at least since the 19th century, invoked the danger of tyrannical majorities and postulated a priority of human rights in relation to popular sovereignty". (cf. HABERMAS, *Communication and the evolution of society,* op. cit., p. 29).

[106] Cf. WEBER, Max. *Sociology of Law.* Chicago: Borthold Press, 1999, p. 39.

includente, por óbvio que os institutos da Democracia Representativa ganham força e relevo, eis que, por exemplo: o Parlamento resgata sua dimensão de formulador das ações voltadas ao atendimento dos interesses comunitários (revisando, é lógico, o tempo e a forma de sua mobilidade e resposta às demandas individuais e coletivas); o Executivo mantém-se adstrito às suas funções concretizadoras do projeto de vida eleito pela Sociedade (de igual maneira revendo as formas de fazê-lo, a ponto de abrir o máximo possível os momentos de discussão, deliberação, constituição, execução e avaliação das políticas públicas que lhe dizem respeito); o Judiciário opera sua condição republicana, no sentido de dar guarida às regras do jogo das ações e tensões vigentes no espaço público da vida cotidiana.[107]

Outro ponto importante para que possamos compreender a perspectiva de Habermas sobre a jurisdição constitucional é o que diz respeito ao seu conceito de sistema jurídico e mesmo de norma jurídica, uma vez que *from the standpoint of social theory, law fulfills socially integrative functions; together with the constitutionally organized political system, law provides a safety net for failures to achieve social integration.*[108]

2.5. O Sistema Jurídico como correia de transmissão de valores e sua efetivação

Estas idéias se sustentam na perspectiva das normas jurídicas funcionando como uma *correia de transmissão* (*transmission belt*) de valores e princípios que consolidam estruturas sociais e culturais de mútuo reconhecimento e interação entre os sujeitos de direito.[109]

---

[107] Aqui ocorre o que o autor alemão chama de "circular relationship between private and public autonomy in that private and public autonomy reinforce each other" (cf. HABERMAS, *Communication and the evolution of society, op. cit.*, p. 63.
[108] Cf. HABERMAS, Jürgen. Postscript to Between Facts and Norms. *New York University Law Journal*, E. 154, New York University Press, sep. 2004, p. 39.
[109] Nesta perspectiva, a solidariedade social, por exemplo, tida pelo autor como *the third source of societal integration besides money and administrative power*, surge através da lei apenas de forma indireta, já que ela ocorre no

Nesta direção, o sistema normativo tem a função de estabilizar as expectativas sociais ao mesmo tempo em que assegura simetricamente as relações de reconhecimento recíproco entre sujeitos de direito portadores de direitos individuais.[110]

Por estas razões é que o autor alemão insiste com a tese de que *the modern legal order can draw its legitimacy only from the idea of self-determination: citizens should always be able do understand themselves also as authors of the law to which they are subject as addressees.*[111]

Ratificando aqui sua crença nas teorias contratualistas de fundamentação do poder político e mesmo da noção de sociedade decorrente daí, Habermas vai mais além, porque – a partir de sua virada lingüística (*linguistic turn*) e com uma Teoria do Discurso –, constrói o que se pode chamar de um novo fundamento para o poder político e o seu exercício institucional e social, qual seja, o de entendimento deontológico (*deontological undertanding*) da condição de cidadania e sujeito de direito. Em outras palavras, o modelo de discurso/ação deliberativo na democracia refunda a noção de contrato social, no sentido de conceber a comunidade regulada normativamente como constituída não pela forma do contrato jurídico avençado entre os seus pares e criador do Estado, mas constituída pelo processo discursivo/ativo da construção de consensos fundada em valores conscientemente compartilhados.

âmbito das relações sociais cotidianas, alcançadas ou não pelo sistema jurídico, o que destaca a natureza política do próprio sistema jurídico como resultado dos embates de interesses existentes no tecido social.

[110] Cf. HABERMAS, *Postscript to Between Facts and Norms, op. cit.*, p. 45. Novamente aqui não posso concordar com a tese de que uma interpretação do sistema jurídico e da jurisdição que se queira procedimentalista desvincula os valores do texto constitucional de sua ação concretizante, objetificando o Texto Político, ao mesmo tempo em que menospreza a vagueza e ambigüidade ínsita aos textos jurídicos (como quer STRECK, *Jurisdição Constitucional. op. cit.*, p. 172 e 176), isto porque, ainda numa dimensão epistêmica, a uma, o sistema normativo como correia de transmissão de valores e princípios sociais vai constituir a dimensão deontológico-prescritiva que a todos vincula; a duas, porque o reconhecimento deste sistema por parte dos sujeitos de direito vai se dar pela via da interlocução voltada ao entendimento.

[111] Cf. HABERMAS, Jürgen. *Tanner Lectures on Human Values.* New York: New York University Press, 1986, p. 28. O autor vai retomar estas reflexões de forma mais sistematizada no texto *Faticidade e Validade*, de 1992.

Assim é que um dos argumentos centrais desenvolvidos no texto *Faticidade e Validade* é o que demonstra que há uma relação interna e condicionante – e não simplesmente histórica e contingente associação – entre as normas jurídicas e a democracia (com suas representações institucionais), assim como ocorre com a relação entre as previsões formais de eqüidade e suas dimensões materiais, caso contrário se esvaziaria o próprio sentido do sistema jurídico como um todo.[112] Tal relação evidencia-se no âmbito do conceito de lei como resultado de procedimentos que veiculam os interesses sociais pela via da comunicação e interlocução dos sujeitos afetados pela norma, pondo-se como mais democrático aqueles procedimentos que mais se aproximam da manifestação da vontade popular direta.

"A legal order is legitimate to the extent that it secures the equally fundamental private and civic autonomy of its citizens; but at the same time it owes its legitimacy to the forms of communication which are essential for this autonomy to express and preserve itself. That is the key to a proceduralist conception of law".[113]

Para Habermas, os espaços públicos e privados, em que se dá esta interlocução voltada para o entendimento e consenso, são multifacetados, passando tanto pela via institucional do Estado e das representações oficiais da

---

[112] HABERMAS, Jürgen. *Tanner Lectures on Human Values. Op. cit.*, p. 47.

[113] Cf. HABERMAS, *Between facts and norms, op. cit.*, p. 493. Tal perspectiva se afasta da assertiva de que as teses de Habermas pretendem instituir uma salvaguarda às relações sociais que não é de ordem jurídica, o que implicaria uma autonomia da Sociedade diante do Direito (como quer STRECK, *Jurisdição Constitucional. op. cit.*, p. 176), isto porque, na realidade, quaisquer salvaguardas – institucionais ou não – dos sujeitos de direito são trabalhadas pelo filósofo tedesco numa acepção epistemológico-argumentativa, tomando como pressuposto lógico-constitutivo o seu processo/procedimento de construção, bem como a forma de operacionalização individual e coletiva delas, reciprocamente condicionadas pela necessidade de justificação e fundamentação racional-comunicativa. Assim, é óbvio que é a ordem jurídica legitimamente forjada por consensos comunicativos que garante a autonomia não diretamente da sociedade, mas dos sujeitos que a constituem (os quais, por sua vez, ensejam a formatação de um modelo de Sociedade historicamente situada e compromissada, axiológica e deontologicamente).

soberania popular (partidos políticos, eleições, parlamento, Poder Executivo, agências governamentais, etc.), como também – e não menos importante – pelas organizações sociais e de mercado não-estatais.

Não se pode negar esta matriz representativa no processo de formação do sistema jurídico e do próprio Estado, para compreendê-los numa acepção deliberativa, participativa e aberta. Em face disto, importa sempre perquirir, em sede de delimitação das possibilidades de sentido do sistema e da norma, esta sua natureza política e representativa, inclusive para permanentemente verificar quais são os fundamentos de legitimidade das pretensões de validade interpretativas que querem imprimir os seus intérpretes a tal sistema ou norma.[114]

Veja-se que, no âmbito jurídico-normativo de um Estado de Direito, a autonomia legal dos indivíduos passa, segundo Habermas, por três diferentes componentes ou pressupostos (ainda lógico-argumentativos): pelo reconhecimento de cada cidadão em relação ao seu semelhante de que a todos é garantido o exercício da autonomia individual compatível com a convivência social; pela capacidade racional de fazer escolhas destes cidadãos; pelas suas auto-realizações éticas. Não fosse assim, tornar-se-ia impossível imaginar a potencialidade emancipatória dos atores sociais a partir de acordos permanentes envolvendo a necessária convivência de projetos e interesses tão distantes que marcam o tecido social.[115]

---

[114] Esta reflexão se aplica igualmente para a discussão do Estado Contemporâneo, eis que, para Habermas, a pergunta que nunca cala é *How legal forms os state authority can be legitimate?* Na mesma direção, a reflexão de DENNINGER, Erhard. *Diritti dell'uomo e legge fondamentale.* Torino: Giappichelli, 2000, p. 3, quando assevera que: "C'è un continuo contrappunto tra la concezione classica della costituzionie (intesa come un insieme di regole del gioco sull'organizzazione democratica di un processo politico incentrato sul protagonismo del parlamento e della sua maggioranza) e quella più recente che la considera strumento di regolazione di valori etici e sociali che devono vincolare il legislatore ai principi e agli obiettivi fondamentali della costituzione seguendo il duplice orientamento dell'opinione pubblica e del Tribunale Costituzionale".

[115] Mais uma vez, o autor alemão dá prova de que o seu sujeito autônomo não está fora da realidade em que vive, mas a pressupõe e constitui.

Além disto, esta autonomia legal *requires at least a provisional separation of roles between authors who make (and apply) valid law and addressees who are subject to law.* Assim, *if the autonomy of the legal person involves more than autonomy in the moral sense, then positive law cannot be conceived as a special case of morality.*[116]

É justamente no campo da política representativa (parlamentar) dos interesses públicos que as dimensões moral e legal devem estar conectadas, mesmo que se saiba que a formação da vontade política parlamentar e pública da população estão expostas e mesmo dependem de uma complicada rede de relações de poder e de barganha (*complicated network of discourses and bargaining*). E aqui é importante ter claro que a noção de Parlamento habermasiana implica não simplesmente a representação de *hipotético interesse geral* (*hipothetical general interest*), mas uma estruturada e orgânica presentação da opinião pública consciente e mobilizada (*structurally linked with the informal formation of opinion in culturally mobilized publics*).[117]

Ao fim e ao cabo, Habermas entende que o processo de formação da norma jurídica tem uma estruturação mais complexa que a constituição das normas morais, em razão de que: a norma jurídica libera e, ao mesmo tempo, obriga ações individuais em razão de determinados valores e interesses individuais e coletivos, bem como incorpora objetivos coletivos tão específicos e pontuais que não podem ser simplesmente justificados por argumentos ou normas morais isoladamente concebidas.[118]

Neste sentido, há um certo nexo causal entre normas morais e normas jurídicas na teoria de Habermas,

---

[116] Lembra Habermas que "the moral universe, which is unlimited in social space and historical time, encompasses all natural persons in their life-historical complexity. To this extent, it refers to the moral protection of the integrity of fully individuated persons. By contrast, a spatio-temporally localized legal community protects the integrity of its members only insofar as they acquire the status of bearers of individual rights" (Ibid., p. 49).

[117] Cf. HABERMAS, Jürgen. *The Structural Transformation of the Public Sphere.* Boston: Harvard, 1991, p. 228.

[118] E aqui está um dos temas preferidos de Habermas, quando discute os fundamentos filosóficos dos sistemas jurídicos e dos seus operadores, distanciando-se, por exemplo, da avaliação que Ronald Dworkin faz da relação entre direito e moral (mais subjetiva do que objetiva).

isto porque *moral reasons enter into law by way of the legislative process. Even if moral considerations are not selective enough for the legitimation of legal programs, politics and law are still supposed to be compatible with morality – on a common postmetaphysical basis of justification.*[119]

Tais normas morais, na verdade, vão tomando corpo mais formatado aos moldes das normas jurídicas quando se percebe sua associação histórica e direta com antigos preceitos incorporados pelo direito natural, transmutados em direitos da pessoa humana, até os direitos fundamentais constitucionalizados. Por óbvio que, neste processo, o autor alemão está reconhecendo, de um lado, que é a própria soberania popular que está se constituindo como um novo sujeito político e de direito, ao mesmo tempo que, de outro lado, são os direitos individuais que vão obtendo igualmente lugar intocável nas relações de poder e jurídicas modernas, pela via explícita dos direitos humanos de primeiro ciclo (liberdade, igualdade, etc.).

De qualquer sorte, a positivação normativa de regras de comportamento individual que encontramos a partir da modernidade como resultado do processo de representação política tem características formais veiculadas por apropriados instrumentos de estabilização das expectativas sociais.[120] O problema é saber quais os critérios que identificarão os instrumentos normativos como apropriados. Para Habermas, eles são morais – enquanto patrimônio axiológico e ético do mundo da vida não-domesticado –, resultado de um processo democrático de constituição emancipatória da natureza humana.[121]

---

[119] Ibid., p. 40. Registra o autor que "the political autonomy of enfranchised citizens is derived from the principle of popular sovereignty and takes shape in democratic self-legislation. Por tais razões, positive law can no longer derive its legitimacy from a higher ranking moral law, but only from a procedure of presumptively rational opinion- and will-formation".

[120] Sem constituir um sistema narcisisticamente auto-enclausurado (*narcissistically self-enclosed system*).

[121] "The philosopher should be satisfied with the insight that in complex societies, law is the only medium in wich it is possible reliably to establish morally obligated releationships of mutual respect even among strangers" (Ibid., p. 47).

Estas são as bases a partir das quais se pode falar em Democracia Autolegislada por sujeitos políticos emancipados (cidadãos), o que somente é possível na modernidade em face do estabelecimento de regras jurídicas que garantem as liberdades públicas e o processo de regulação social representativa. *This shows how private and public autonomy reciprocally presuppose one another in such a way that neither one may claim primacy over the other.*[122]

Estas regras, por sua vez, geram direitos básicos que devem garantir:

(1) the greatest possible measure of equal subjective freedoms; (2) membership in a free association of citizens; (3) actionable rights and individual legal protection and (4) basic rights to equal access to processes of opinion and will-formation, in which citizens exercise their political autonomy and through which they enact legitimate law. Those rights imply (5) basic rights to conditions of live which are socially, technically and ecologically secure to the degree necessary for equal ability to make use of rights.[123]

---

[122] Ibid., p. 42. Adverte, ainda, o autor que "the democratic procedure of lawmaking relies on citizens making use of their communicative and participatory rights also with an orientation toward the common good, an attitude that can indeed be politically called for but not legally compelled".

[123] HABERMAS, *Postscript to Between Facts and Norms, op. cit.*, p. 49-50. Recomendo, no aprofundamento destas questões, a leitura de um texto mais recente nominado HABERMAS, Jürgen. *L'Éthique de la discussion et la question de la vérité*. Paris: Grasset & Fasquelle, 2003. Aqui se pode verificar como Habermas não desconsidera o fato de que a coerção é um dos elementos fundamentais do processo que submete indivíduos no interior de cada Estado, fazendo com que ocorra uma certa supressão de autonomia dos indivíduos em Sociedade, como quer STRECK, *Jurisdição Constitucional, op. cit.*, p. 176, isto porque, ao contrário, o autor pressupõe a coerção estatal como mecanismo que viabiliza o acionamento da proteção efetiva de direitos (referido no item 3), todavia, isto de nada adianta se as condições mínimas de existência (referidas no itens 4 e 5) não estiverem presentes no cotidiano destes sujeitos de direito, porque simplesmente se esvazia materialmente a possibilidade de fazer valer prerrogativas individuais e coletivas. Na verdade, para Habermas, o Direito como instrumento afigura-se útil porque dá uma força à norma legitimamente constituída, isto é, "a facticidade da imposição do direito pelo Estado interliga-se com a força de um processo de normatização do direito, que tem a pretensão de ser racional, por garantir a liberdade e fundar a legitimidade".

Ora, nesta linha de raciocínio, resta claro que há uma natureza axiológica no bojo destas regras de condutas e comportamentos público e privado, porém tão-somente orientadoras dos objetivos e finalidades precípuos que informam o tipo de sociedade que se quer constituir (o que está previamente demarcado pela Constituição), o que se dará através de procedimentos e com referentes normativos objetivados no sistema jurídico vigente (*law as the medium by which communicative power is transformed into administrative power*), voltados geralmente não para o atendimento de questões universais, mas para problemas locais envolvendo interesses singulares ou coletivos, espacial e temporalmente identificados.[124]

Num outro texto ainda mais antigo, Habermas já trabalhava com os fundamentos diferenciatórios de discursos pragmático-normativos (*pragmatic discourses*) e discursos ético-políticos (*ethical-political discourses*), afirmando que os primeiros são relativos às escolhas individuais ou coletivas que indicam preferências dos indivíduos numa determinada contingência; os segundos, por sua vez, dizem respeito à implementação dos ideais mais amplos de uma sociedade, bem como ao elenco dos discursos morais em termos universais.[125] Tal fato demonstra que o autor tedesco sempre teve claro que não há uma relação de Subordinação Hierárquica *versus* Integração Causal, razão pela qual eventuais rupturas deste nexo de causalidade entre moral e direito não implicam negação absoluta do sistema jurídico ou moral vigente, mas tão-somente demandam movimentos reintegratórios dos vínculos de pertinência que

---

[124] "If it may possible to separate universalistic moral principles from the collective projects of a given community, political choices inevitably include more detailed and concrete practical local issues" (cf. OUTHWAITE, *op. cit*, p. 143).

[125] Cf. HABERMAS, *The Structural Transformation of the Public Sphere, op. cit.*, p. 236. Lembra o autor que "ethically relevant issues include environmental and animal protection, urban planning, immigration policy, the protection of minorities and generally issues of political culture; morally relevant issues would be, for example, abortion law, statutes of limitations of criminal responsibility, or matters of social policy affecting the distribution of social wealth and of life and survival chances in general".

devem ter, o que se dá pela comunicação não-coatada dos atores sociais envolvidos neste tema.[126]

Ocorre que aqui reside também mais um *tipo-ideal habermasiano*, na medida em que o autor crê no pressuposto de que aquela cidadania efetivamente não use sua capacidade de comunicação política (e este é o primeiro pressuposto ideal, isto é, que a cidadania seja detentora de uma capacidade racional de comunicação voltada ao entendimento) tão-somente na perspectiva do exercício de direitos individuais (liberais), para perseguir interesses meramente singulares, mas que use tal capacidade para perseguir bens e interesses públicos,[127] processualmente delimitados por todos aqueles que deverão viver sob tais parâmetros.

Assim é que no paradigma procedimentalista da lei (*proceduralist paradigm of law*), a estrutura de uma *sociedade civil vibrante* (*vibrant civil society*), numa esfera pública e política não-subvertida, deve se comprometer com aquelas expectativas vinculadas ao bem público, delineadas pelas deliberações normativas (axiológicas) referidas, as quais, por sua vez, geram a própria estrutura jurídica cogente, garantindo o respeito a tal ordem de coisas.

A relação entre Direito *versus* Moral é de integração e não subordinação. Estou dizendo que não existe na teoria de Habermas uma relação de subordinação, mas

---

[126] Este debate vai redundar na discussão até hoje presente em Habermas sobre a relação entre *justiça* e *solidariedade*, que geralmente têm sido estudadas de forma separada, por duas tradições filosóficas distintas: (a) enquanto as teorias deontológicas ou do dever centram a sua análise na definição dos princípios universais de justiça (prioridade do justo sobre o bom, isto é, "O que é bom para todos"); (b) as teorias teleológicas ou do bem optam por enfatizar as características pessoais e virtudes indispensáveis à preservação da comunidade ética (prossecução de uma concepção do bom, ou seja, "O que é bom para mim ou para os outros"). A intenção de conjugar estes dois aspectos das teorias morais, a integridade individual e o bem comum, constitui, hoje em dia, a essência da teoria moral de Habermas. Ver o trabalho HABERMAS, Jürgen. *Escritos sobre moralidad y eticidad.* Barcelona: Paidós, 2000, especialmente o último capítulo, tratando do tema *Como es possible la legitimidad por vía de legalidad?* (p. 131-172).

[127] "Law can be preserved as legitimate only if enfranchised citizens switch from the role of private legal subjects and take the perspective of participants who are engaged in the process of reaching understanding about the rules for their life in common" (Ibid., p. 49).

de integração constitutiva que parte do plexo axiológico de uma comunidade lingüística e de vida partilhada para um sistema ordenador das relações que nela se desenvolvem.

É a partir destes parâmetros que o autor alemão vai verificar, ao longo de *Faticidade e Validade*,[128] as relações entre a teoria política e a constituição de códigos de conduta social oriundos de plexos axiológicos fundantes, haja vista que tudo isto se relaciona às relações intersubjetivas entre os sujeitos falantes e comunicantes, como em face das dimensões institucionais que se ocupam destas relações, dentre as quais nosso foco de atenção vai se voltar para a jurisdição constitucional.

2.6. A questão da jurisdição constitucional em Habermas

É possível encontrar nos capítulos 3 e 6 de *Faticidade e Validade (FV)*, de Habermas, a tentativa bem-articulada de reconstrução da dimensão intrínseca de uma Teoria do Direito, a qual é necessária para que se compreenda de forma conseqüente e séria as fontes matriciais do conceito de jurisdição constitucional do autor, a começar exatamente pela natureza política das normas de comportamento social e suas implicações institucionais.

Como vimos anteriormente e de forma expressa, Habermas novamente diz, no *FV*, que o código jurídico, desde a modernidade, conseguiu retirar dos indivíduos o fardo subjetivo das normas morais e as transferiu às leis, já que estas prometiam a garantia e o equilíbrio das liberdades de ação individuais em face do social, sendo potencialmente capazes de obter altos graus de legitimidade em razão de se assentarem na representação da soberania popular.

Ocorre que, para Habermas, este processo legislativo democrático implica e pressupõe o confronto de seus participantes (e seus projetos de vida individuais) com

---

[128] Cf. HABERMAS, *Direito e Democracia, op. cit.*, p. 139.

as perspectivas normativas ético-comportamentais comunitárias, haja vista que ele extrai sua força legitimadora do entendimento processual dos cidadãos (pela via da representação) sobre regras de convivência.

"Uma vez que a pergunta acerca da legitimidade das leis que garantem a liberdade precisa encontrar uma resposta no interior do direito positivo, o contrato da sociedade faz prevalecer o princípio do direito, na medida em que liga a formação política da vontade do legislador a condições de um procedimento democrático, sob os quais os resultados que apareceram de acordo com o procedimento expressam per se a vontade consensual ou o consenso racional de todos os participantes. Desta maneira, no contrato da sociedade, o direito dos homens a iguais liberdades subjetivas, fundamentado moralmente, interliga-se com o princípio da soberania do povo".[129]

Nesta passagem, pode-se perceber, de forma muito clara, que todo e qualquer comportamento/ação ou argumentos em prol da legitimidade do direito devem ser compatíveis com os princípios morais da justiça e da solidariedade universal (que de alguma forma estão presentes nas ordens constitucionais contemporâneas) – sob pena de dissonâncias cognitivas –, bem como com os princípios éticos de uma conduta de vida auto-responsável, projetada conscientemente, tanto de indivíduos, como de coletividades.[130]

Exulta claro no pensamento do autor a matriz rousseauniana de pensar o político e as relações de poder entre Soberano e Povo, já que é através do *medium* de leis gerais e abstratas que a vontade unificada dos cidadãos está ligada a um processo de legislação democrática que exclui, *per se*, todos os interesses não-univer-

---

[129] Cf. HABERMAS, *Direito e Democracia, op. cit.*, p. 127.

[130] Ibid., p. 133. O autor alemão, nesta passagem, ainda complementa suas idéias dizendo que "os direitos humanos e o princípio da soberania do povo formam as idéias em cuja luz ainda é possível justificar o direito moderno; e isso não é mera causalidade".

salizáveis, permitindo apenas regulamentações que garantam a todos as mesmas liberdades subjetivas. Desta forma, o nexo interno entre direito objetivo e subjetivo, de um lado, e entre autonomia pública e privada, de outro, só pode ser explicitado se levarmos a sério tanto a estrutura intersubjetiva dos direitos, como a estrutura comunicativa da autolegislação, e as explicarmos adequadamente.[131] Então, esta legislação, constituída e operada neste sentido, configura um sistema de normas de ação,[132] aqui entendidas como expectativas de comportamento generalizadas temporal, social e objetivamente, que têm como marco fundador a Constituição.

E não se diga que o autor está sendo demasiadamente metafísico ou idealista aqui, deixando de levar em conta a dimensão empírica de agregação política dos movimentos sociais e institucionais do tempo presente, isto porque reconhece que, neste cenário, *a soberania do povo não se encarna mais numa reunião de cidadãos autônomos facilmente identificáveis. Ela se retira para os círculos de comunicação de foros e corporações, de certa forma destituídos de sujeito. Somente nesta forma anônima, o seu poder comunicativamente diluído pode ligar o poder administrativo do aparelho estatal à vontade dos cidadãos.*[133]

É exatamente nos *círculos de comunicação de foros e corporações* que toma corpo a soberania popular e a fonte matricial de todo o poder político (notamente o institucional, dentre os quais o Estado-Juiz), constituindo-se em um verdadeiro espaço público de interlocução social, forjado por pessoas físicas e jurídicas permanentemente em confronto democrático.

---

[131] Cf. HABERMAS, *Direito e Democracia, op. cit.*, p. 139.

[132] Nas palavras de Habermas: "O direito é sistema de saber e, ao mesmo tempo, sistema de ação; ele pode ser entendido como um texto repleto de proposições e interpretações normativas ou como uma instituição, isto é, como um complexo de regulativos da ação. No direito, os motivos e orientações axiológicas estão interligados entre si num sistema de ação" (Ibid., p. 150). Aqui, conhecimento e ação interagem reciprocamente, não se podendo afastar tal característica do momento interpretativo-jurisdicional.

[133] Ibid, p. 173.

No modelo procedimentalista habermasiano de confronto discursivo-democrático dos atores políticos, quando deliberam sobre o seu próprio convívio e os projetos comunitários que os vinculam e diferenciam, a formação política racional da vontade apresenta-se como fruto de uma rede de discursos e negociações que podem e devem ser retroligados entre si por várias sendas e possibilidades (não necessariamente institucionais), sendo incorreta a restrição de tal formatação a estreitos limites institucionais da representação formal, como a supremacia do Estado em face da Sociedade Civil.

> "A idéia segundo a qual o poder do Estado pode elevar-se acima das forças sociais como um pouvoir neutre sempre foi ideologia. Entretanto, um processo político que resulta da sociedade civil tem que adquirir uma parcela de autonomia em relação a potenciais de poder ancorados na estrutura social, a fim de que o sistema não se degrade, assumindo a forma de um partido entre outros partidos, seja no papel do poder executivo, seja como poder de sanção".[134]

A partir daqui, Habermas já consegue, de forma mais clara, lançar seu convencimento sociológico e político sobre os princípios que devem informar o Poder Político Institucionalizado no Estado, a saber: (a) a organização do Estado de direito deve servir, em última instância, à auto-organização política autônoma de uma comunidade, a qual se constituiu, com o auxílio do sistema de direitos, como uma associação de membros livres e iguais do direito; (b) as instituições do Estado de direito devem garantir um exercício efetivo da autonomia política de cidadãos socialmente autônomos para que o poder comunicativo de uma vontade formada racionalmente possa surgir, encontrar expressão em programas legais, circular em toda a sociedade através da implementação administrativa de programas legais e

---

[134] HABERMAS, *Direito e Democracia, op. cit.*, p. 220.

desenvolver sua força de integração social – através da estabilização de expectativas e da realização de fins coletivos.[135]

Mas como fica, considerando estes referenciais, o problema da Jurisdição? Ela se insere, para Habermas, dentro da lógica da divisão dos Poderes; todavia, se e somente se tal divisão efetivamente garantir, ao mesmo tempo, a primazia da legislação democrática e a retroligação do poder administrativo ao comunicativo, legitimando-se através de procedimentos e processos pelos quais a soberania popular resta homenageada como artífice da sua própria história. *Para que os cidadãos politicamente autônomos possam ser considerados autores do direito, ao qual estão submetidos enquanto sujeitos privados, é necessário que o direito legitimamente estatuído por eles determine a direção da circulação do poder político.*[136]

Todavia, na medida em que a implementação de programas teleológicos e efetivadores dos interesses comunitários sobrecarregam a administração com tarefas relacionadas com o aprimoramento do direito e com a aplicação da lei, a base de legitimação das estruturas administrativas tradicionais não é mais suficiente. Então, a lógica da divisão dos Poderes precisa ser realizada em *estruturas modificadas* – por exemplo, através da introdução de formas de comunicação e de participação correspondentes ou através do estabelecimento de processos judiciais ou parlamentares, de processos de formação de compromissos, o que ocorre em face dos défices provocados pela ausência e omissão do Estado Democrático de Direito.

Mas qual a medida desta modificação estrutural do Estado Democrático de Direito para os fins de suprir as

---

[135] HABERMAS, *Direito e Democracia, op. cit.* Podemos perguntar, aqui, até que ponto pode um Município, como o Rio de Janeiro, pela via de uma Resolução Administrativa (nº 64/94), absolutamente unilateral e oriunda da discricionariedade do Administrador, autorizar a prática de naturismo/nudismo em praia pública da comuna. Não seria esta matéria afeta à apreciação legislativa ou consulta popular? Todavia, judicializada a questão, ela foi ratificada pelo Superior Tribunal de Justiça, nos autos do Recurso Especial nº 681736.
[136] Ibid., p. 233.

demandas que lhe acorrem, mais especialmente em relação à Jurisdição? Isto é que o Habermas vai nos propor a partir da discussão sobre a justiça e sua legitimação, envolvendo pontualmente o papel da legitimidade da jurisdição constitucional, tema que passamos a abordar.

Veja-se que uma das primeiras coisas que Habermas assevera neste capítulo é que *a concretização do direito constitucional através de um controle judicial de constitucionalidade serve, em última instância, para a clareza do direito e para a manutenção de uma ordem jurídica coerente.*[137] Isto é tão forte no autor, que ele crê no fato de que o direito não se identifica e tampouco se resume à totalidade das leis escritas, isto porque, em certas circunstâncias, *pode haver um mais de direito em relação aos estatutos positivos do poder do Estado, que tem a sua fonte na ordem jurídica constitucional como uma totalidade de sentido e que pode servir de corretivo para a lei escrita; é tarefa da jurisdição encontrá-lo e realizá-lo em suas decisões.*[138]

Não pode haver dúvidas, a despeito de algumas fragilidades do discurso habermasiano no que tange à dimensão dogmática e pragmática dos sistemas jurídicos vigentes,[139] sobre a perspectiva filosoficamente integrada que o autor tem em relação a eles, afigurando-se a Norma Constitucional como ponto de partida e de chegada dos ordenamentos e das relações societais que eles pretendem alcançar, e mesmo do processo de estabelecimento de sentidos contingenciais de suas possibilidades. É exatamente com base nesta sua compreensão

---

[137] HABERMAS, *Direito e Democracia, op. cit.*, p. 302.

[138] Ibid., p. 303. No caso brasileiro, podemos citar, a título exemplificativo, o tema da união estável, em que a 3ª Turma do Superior Tribunal de Justiça, nos autos do Recurso Especial nº 264736, entendeu que cabe à mulher em situação de união estável, que viveu com o seu companheiro no final da vida, o direito à moradia e à pensão pela mútua colaboração, não tendo de se falar de indenização por *serviços domésticos prestados.* Aqui a jurisdição realizou uma interpretação conforme à Constituição, pois deu efetividade a todos os princípios e regras de emancipação e igualização da mulher no tecido social.

[139] Crítica pertinente, neste sentido, faz ROSENFELD, Michel. Can Rights, Democracy and Justice be reconciled through discourse theory? Reflections on Habermas's proceduralist paradigm of law. In: ROSENFELD, Michel; ARATÒ Andrew. *Habermas on law and democracy: critical excanges.* Los Angeles: University California Press, 2004, p. 82/114.

dos sistemas jurídicos e de seus ordenamentos que o autor sustenta a possibilidade de que a jurisdição possua *momentos de configuração criativa.*[140] Ao desenvolver tal atividade, a jurisdição não representa necessariamente uma ameaça *à lógica* da divisão de Poderes vigentes desde o Estado Moderno.

E qual é a lógica da divisão de Poderes a que se refere o autor tedesco?[141] Aquela que vem traduzida pelos princípios que devem informar o Poder Político Institucionalizado no Estado – referidos anteriormente –, exatamente para propiciar o controle do Poder e a emancipação e autonomia da Sociedade Civil, para fins de, pela via da interlocução comunitária não-coatada, constituir a integração equilibrada dos direitos e obrigações individuais com os sociais.[142]

Esta divisão de Poderes e funções institucionais, em verdade, faz lembrar a importância de cada ator social

---

[140] Cf. HABERMAS, *Direito e Democracia, op. cit.*, p. 303. Aqui podemos citar a decisão judicial da 4ª Turma do Tribunal Superior do Trabalho, avaliando decisão do Tribunal Regional da 4ª Região, nos autos do Recurso de Revista nº 1071/1999-601-04-00.7, quando asseverou que: "mesmo desenvolvendo tarefas inerentes a um cargo hierarquicamente superior ao que estava enquadrado, não pode a empresa furtar-se ao pagamento do salário correspondente a pretexto de que o servidor não fez concurso". Tal perspectiva se sustenta exatamente para não permitir o enriquecimento sem causa do empregador em face do empregado.

[141] Por certo não é a do Estado Liberal, eis que sobre esta se pronuncia explicitamente o autor: "No modelo liberal, a ligação estrita da justiça e da administração à lei resulta no clássico esquema da divisão de poderes, que deveria disciplinar, através do Estado de direito, o arbítrio do poder estatal absolutista. A distribuição das competências entre os poderes do Estado pode ser entendida como cópia dos eixos históricos de decisões coletivas: A prática de decisão judicial é entendida como agir orientado pelo passado, fixado nas decisões do legislador político, diluídas no direito vigente; ao passo que o legislador toma decisões voltadas para o futuro, que ligam o agir futuro, e a administração controla problemas que surgem na atualidade" (cf. HABERMAS, *Direito e Democracia, op. cit.*, p. 305). Em seguida o autor adverte: "O esquema clássico da separação e da interdependência entre os poderes do Estado não corresponde mais a essa intenção, uma vez que a função dos direitos fundamentais não pode mais apoiar-se nas concepções sociais embutidas no paradigma do direito liberal, portanto não pode limitar-se a proteger os cidadãos naturalmente autônomos contra os excessos do aparelho estatal" (p. 326).

[142] Sugiro, aqui, a leitura do texto de ARATÒ, Andrew. Procedural Law and Civil Society: interpreting the radical democratic paradigm. In: ROSENFELD, Michel; ARATÒ Andrew. *Habermas on law and democracy: critical excanges*. Los Angeles: University California Press, 2004, p. 26-36.

(institucional ou não) no processo de formação e desenvolvimento das sociedades complexas, sob pena de voltarmos às experiências antigas e medievais de concentração de poder e de alienação política, fundamentalmente porque o universo de direitos e prerrogativas hoje asseguradas à sociedade implica igual cargo de responsabilidades (algumas exclusivas, outras concorrentes, outras ainda solidárias), envolvendo cada qual com seu semelhante.

Já começa a se esboçar aqui o que Habermas vai chamar de efeito protetor positivo dos direitos fundamentais nas sociedades contemporâneas, asseverando que:

> "as decisões do Tribunal Constitucional Federal qualificam os direitos fundamentais como princípios de uma ordem jurídica geral, cujo conteúdo normativo estrutura o sistema de regras em seu todo. A partir daí, a dogmática alemã dos direitos fundamentais ocupa-se principalmente com o 'conteúdo essencial' dos direitos intocáveis e as simples leis: com 'os limites imanentes dos direitos humanos', que atingem também os direitos político-subjetivos absolutamente válidos; com a irradiação dos direitos fundamentais para todas as esferas do direito; com os encargos da ação, deveres de proteção e de prevenção do Estado, que podem ser inferidos do caráter jurídico objetivo dos direitos fundamentais, como princípios elementares de ordem; finalmente, com a 'proteção dinâmica do direito fundamental' e com o processo que liga o conteúdo subjetivo e objetivo do direito fundamental".[143]

Reconhecer a importância dos Direitos Fundamentais nos sistemas jurídicos contemporâneos, todavia, não autoriza, na dicção do autor alemão – com o que concordamos –, a supressão do reconhecimento e da diferença

---

[143] Cf. HABERMAS, *Direito e Democracia, op. cit.*, p. 307. Lembra Habermas, mais adiante (p. 315), que, para o Tribunal Constitucional Federal tedesco, a Lei Fundamental não constitui tanto um sistema de regras estruturado através de princípios, mas uma verdadeira *ordem concreta de valores* (semelhante à de Max Scheler ou de Nicolai Hartmann).

de sua natureza normativa deontológica e axiológica, tema fundamental à filosofia do direito proposta no *FV*. Como se coloca esta problemática no âmbito da Jurisdição em geral e especialmente à Jurisdição Constitucional?

Para Habermas,

(1) princípios ou normas mais elevadas, em cuja luz outras normas podem ser justificadas, possuem um sentido deontológico; ao passo que os valores têm um sentido teleológico;

(2) normas válidas obrigam seus destinatários, sem exceção e em igual medida, a um comportamento que preenche expectativas generalizadas; ao passo que valores devem ser entendidos como preferências compartilhadas intersubjetivamente;[144]

(3) valores expressam preferências tidas como dignas de serem desejadas em determinadas coletividades, podendo ser adquiridas ou realizadas através de um agir direcionado a um fim; ao passo que normas surgem com uma pretensão de validade binária, podendo ser válidas ou inválidas;

(4) em relação às proposições normativas, como no caso de proposições assertóricas, nós só podemos tomar posições dizendo *sim* ou *não*, ou abster-nos do juízo; os valores, ao contrário, determinam relações de preferência, as quais significam que determinados bens são mais atrativos do que outros; por isso, nosso assentimento às proposições valorativas pode ser maior ou menor;

(5) a validade deontológica de normas tem o sentido absoluto de uma obrigação incondicional e universal: o que deve ser pretende ser igualmente bom para todos; ao passo que a atratividade de valores tem o sentido relativo de uma apreciação de bens, adotada ou exercitada no âmbito de formas de vida ou de uma cultura: decisões valorativas mais graves ou preferências de

---

[144] Novamente podemos verificar a preocupação de Habermas com a questão da coação estatal na mantença dos acordos normativos firmados, o que se associa com a questão das salvaguardas jurídicas referidas anteriormente no texto de STRECK, *Jurisdição Constitucional, op. cit.*

ordem superior exprimem aquilo que, visto no todo, é bom para nós (ou para mim);

(6) normas diferentes não podem contradizer umas às outras caso pretendam validade no mesmo círculo de destinatários, devendo estar inseridas num contexto coerente, isto é, formar um sistema; enquanto os valores distintos concorrem para obter a primazia, pois, na medida em que encontram reconhecimento intersubjetivo no âmbito de uma cultura ou forma de vida, eles formam configurações flexíveis e repletas de tensões.[145]

Assim, resume o autor que, no plano filosófico, normas e valores se distinguem, em primeiro lugar, através de suas respectivas referências ao agir obrigatório ou teleológico; em segundo lugar, através da codificação binária ou gradual de sua pretensão de validade; em terceiro lugar, através de sua obrigatoriedade absoluta ou relativa; e, em quarto lugar, através dos critérios aos quais o conjunto de sistemas de normas ou de valores deve satisfazer. Por se distinguirem segundo essas qualidades lógicas, não podem ser aplicados da mesma maneira.[146]

Aqui está o centro epistemológico das demais assertivas que Habermas vai fazer em relação à Jurisdição Constitucional, isto é, tomando como ponto de partida as diferenciações necessárias que há entre normas deontológicas e normas axiológicas, cujas constituições e razões de justificação e fundamentação se distinguem (conforme visto), bem como suas dimensões pragmáticas no mundo da vida cotidiana.

As normas deontológicas que perfazem o sistema jurídico, seja na forma de princípios ou regras, constituem um momento objetificante das normas axiológicas previamente demarcadas pelo processo político e legislativo legítimo da manifestação de vontade da soberania

---

[145] Cf. HABERMAS, *Direito e Democracia, op. cit.*, p. 316-317.

[146] Ibid., p. 317. Por tais fundamentos, sustenta que a Jurisdição Constitucional, quando parte do caso concreto, está limitada à aplicação de normas (constitucionais) pressupostas como válidas; por isso, a distinção entre discursos de aplicação de normas e discursos de fundamentação de normas oferece um critério lógico-argumentativo de delimitação de tarefas legitimadoras da justiça e da legislação (Ibid., p. 324).

popular, identificando as eleições comunitárias atinentes à vida que desejam partilhar, a partir, por óbvio, dos pressupostos mínimos existentes para tanto (constituídos por esta mesma Soberania), a saber: *the basic rights to conditions of live which are socially, technically and ecologically secure to the degree necessary for equal ability to make use of rights.*[147]

Negar a importância e a necessidade das instâncias procedimentais e legítimas de constituição soberana destas normas deontológicas, necessariamente fundadas em espaços públicos de interlocução não-coatada, significa autorizar o retrocesso social e político de tomadas de decisões autoritárias e excludentes da sociedade civil, priorizando a burocratização estratégica weberiana das cooptações ideológicas realizadas pelas instituições públicas e privadas, eternamente atentas e mobilizadas junto aos corredores palacianos, detentoras hegemônicas de um poder que se alimenta das falácias de autoridade ainda vigentes.

De uma certa forma, outras correntes filosóficas festejadas no Brasil, como o nominado *garantismo ferrajoliano*, também se associam, em meu sentir, com as perspectivas que estou trabalhando, eis que, logo no início de seu *Diritto e Ragione,*[148] contrapõe ao modelo garantista os modelos autoritários, em que prevalece uma visão substancialista do desvio penalmente relevante, e de onde nasce um direito penal voltado mais para a punição do delinqüente, do que propriamente para a definição de condutas penalmente ilícitas e suas respectivas sanções. A história mostra que nesses modelos antigarantistas, o princípio da estrita legalidade é posto de lado, já que a ênfase é punir nem tanto pelo que se fez, mas sobretudo pelo que se é.

---

[147] Cf. HABERMAS, *Postscript to Between Facts and Norms, op. cit.*, p. 50. Veja-se que, com tal abordagem, resta claro que, para Habermas, há uma relação neural entre o plexo axiológico de uma determinada Sociedade e sua dimensão deontológica, e não secundária, como quer STRECK, *Jurisdição Constitucional, op. cit.*, p. 176.

[148] FERRAJOLI, Luigi. *Diritto e Ragione: teoria Del garantismo penale.* Roma: Leterza, 1997, p. 13.

A oposição entre garantismo e autoritarismo corresponde, assim, à alternativa entre duas epistemologias judiciais distintas: cognoscitivismo e decisionismo, entre comprovação e valoração, entre prova e inquisição, entre razão e vontade, verdade e potestade.[149]

Em uma visão garantista, ao reverso do autoritarismo, busca-se uma verdade processual em que a reconstrução histórica dos fatos objeto do juízo se sujeita a regras precisas, que assegurem às partes um maior controle sobre a atividade jurisdicional.

De outra parte, um dos maiores problemas da atividade jurisdicional na busca da verdade dos fatos que lhe são submetidos a julgamento reside na impossibilidade de ser alcançada uma verdade certa, objetiva e absoluta, sendo mais razoável afirmar que dela podemos apenas nos aproximar, tanto através de processos indutivos (verdade fática) quanto dedutivos (verdade jurídica).

Em outras palavras, no tocante à matéria de fato, é inalcançável a verdade absoluta e total, não somente porque nem tudo o que está no mundo fenomênico está retratado nos autos, mas também porque o juiz não é testemunha ocular dos fatos, sendo a eles conduzido a partir dos "signos de lo pasado" aportados por documentos, declarações, informes etc. tampouco no que tange à matéria de direito a verdade é absoluta, pois as premissas sobre as quais se funda o raciocínio jurídico, por vezes, revelam-se como incertas, vagas e plasticamente abertas às interações interpretativas dos sujeitos interlocutores do feito (em todas as dimensões possíveis desta fala – prova documental, pericial, testemunhal, etc.).[150]

---

[149] Op.cit., p. 17. Um dos grandes perigos dos modelos substancialistas de direito penal é o de que, em nome de uma fundamentação metajurídica (predominantemente de cunho moral ou social), se permita um incontrolado subjetivismo judicial na determinação em concreto do desvio punível. Daí por que a verdade a que aspira esse modelo é a chamada "verdade substancial ou material", ou seja, uma verdade absoluta, carente de limites, não sujeita a regras procedimentais e infensa a ponderações axiológicas, o que, portanto, degenera em julgamentos privados de legitimidade, face à ausência de apoio ético no modo de ser do processo.

[150] Lembre-se que se agrega na subjetividade judicial os elementos subjetivos que informam as fontes de provas, as quais, em sua produção testemunhal,

Em Ferrajoli, o subjetivismo do conhecimento judicial apresenta-se como um fator determinante da relatividade da idéia de verdade processual, pelo simples fato de que o magistrado sempre está condicionado ao meio em que atua, às suas variáveis culturais, econômicas, políticas, fatores que lhe retiram a neutralidade para julgar (que não se identifica com a sua necessária imparcialidade).

De qualquer sorte, e retornando ao foco do debate que propus, diante de um nível de deturpação da soberania popular, como se encontra o Brasil (inclusive envolvendo a confusão de papéis institucionais),[151] o que se tem de buscar é exatamente a restauração cívica, racional e republicana da Democracia, a partir da imposição de respeito às regras do jogo democrático postas pela própria ordem constitucional, que é representativa e fomentadora da participação social.[152] Significa dizer, com Habermas, *que a Constituição determina procedimentos políticos, segundo os quais os cidadãos, assumindo seu direito de autodeterminação, podem perseguir cooperativamente o projeto de produzir condições justas de vida.*[153]

A responsabilidade para a correção de rumos em tais situações resta compartilhada em todo o tecido societário, envolvendo tanto a cidadania como suas instituições representativas, assim como o mercado seja pela via da revolução, resistência civil, seja pela via legislativa, administrativa e judicial, porém, não perdendo de vista que a tarefa fulcral não é a de substituir formas de poder autoritárias por outras de iguais feições, marcadas pela natureza corporativa e unilateral que possuem,

---

por exemplo, perdem significativamente a fidelidade, até em face de que a transcrição dos argumentos e declarações orais não traduzirem com exatidão o conhecimento direto ou indireto da fonte de prova.

[151] Poder Legislativo que não legisla x Poder Executivo que legisla demasiadamente.

[152] "Da compreensão republicana resulta, finalmente, uma clarificação das condições processuais que conferem força legitimadora à formação institucionalizada da opinião e da vontade. São precisamente estas as condições sob as quais o processo político tem a seu favor a suposição de que produz resultados racionais" (cf. HABERMAS, *Direito e Democracia, op. cit.*, p. 339).

[153] Ibid., p. 325.

mas efetivamente resgatar a autonomia e o fortalecimento dos espaços públicos de deliberação política.

Assim é que, na reflexão de Habermas, ganha força a tese de que o Tribunal Constitucional deve proteger o sistema de direitos que possibilita a autonomia privada e pública dos cidadãos, examinando e deliberando sobre os conteúdos de normas controvertidas especialmente no contexto dos pressupostos comunicativos e condições procedimentais do processo de legislação democrático.[154]

Em outras palavras:

"Os discursos jurídicos podem pretender para si mesmos uma elevada suposição de racionalidade, porque discursos de aplicação são especializados em questões de aplicação de normas, sendo por isso institucionalizados no quadro da clássica distribuição de papéis entre partidos e um terceiro imparcial. Pela mesma razão, porém, eles não podem substituir discursos políticos, que são talhados para a fundamentação de normas e determinações de objetivos, exigindo a inclusão de todos os atingidos".[155]

A partir destas ponderações, poder-se-ia questionar, por exemplo:

(a) A decisão judicial nos autos do *Habeas Corpus* nº 73.662/MG, junto ao Supremo Tribunal Federal, publicada no Diário de Justiça de 20/09/1996, envolvendo a interpretação dos arts. 213 e 224, alínea *a*, do Código Penal brasileiro, e, em particular, da presunção de violência nos casos de relação sexual com menor de 14 anos, para o fim de tipificação do crime de estupro, na qual o

---

[154] HABERMAS, *Direito e Democracia, op. cit.*, p. 326. Adverte o autor, ao analisar o funcionamento da Corte Americana, que "se a *Supreme Court* tem como encargo vigiar a manutenção da Constituição, ela deve, em primeira linha, prestar atenção aos procedimentos e normas organizacionais dos quais depende a eficácia legitimativa do processo democrático. O Tribunal tem que tomar precauções para que permaneçam intactos os canais para o processo inclusivo de formação da opinião e da vontade, através do qual uma comunidade jurídica democrática se auto-organiza". Neste particular, ver o trabalho de BICKEL, Alexander. *The Least Dangerous Branch: The Supreme Court at the Bar of Politics*. Indianapolis: Bobbs-Merrill, 1982.
[155] Ibid., p. 329.

Relator defendeu que a presunção deveria ser compreendida como relativa, considerando as circunstâncias do caso concreto, eis que a menor levava vida promíscua, aparentando maior idade e consentindo com a relação sexual, bem como já havia se passado 5 (cinco) anos do evento e, nesse ínterim, o paciente no *habeas corpus*, condenado por estupro, havia casado e constituído família. Pergunta-se: esta matéria não deveria se submeter ao debate nacional público pela via dos mecanismos disponíveis para tanto, eis que trata de questões de alta complexidade moral e ética?

(b) O tema que envolve o papel dos pais no âmbito do dever de sustento, para saber se basta, aqui, prover materialmente o filho, ou se a subsistência emocional também é uma obrigação *legal* dos pais. Esta discussão, na direção de se viabilizar a procedência de ação judicial reconhecendo a ausência de afeto dos pais para com os filhos, para os fins de reparação por dano moral, chegou até a 4ª Turma do Superior Tribunal de Justiça, pela via de Recurso Especial (nº 757411). Tal problemática igualmente não deveria ser objeto de aferição social mais detalhada, em vez de ser remetida diretamente ao Poder Judiciário?

(c) A polêmica questão que envolve a possibilidade de, a partir da constatação clínica de que o feto sofre de anencefalia (mal congênito que consiste na ausência, parcial ou total, do cérebro e impede a vida fora do útero), realizar-se o aborto, sob o argumento de que impedir tal procedimento implicaria submeter a mãe a sofrimento inaceitável (matéria discutida nos autos do processo nº 70011918026, que tramitou junto à 3ª Câmara Criminal do Tribunal de Justiça do Estado do Rio Grande do Sul). Em face dos bens jurídicos envolvidos neste feito, não se deveria oportunizar o debate público mais aberto e aprofundado sobre a necessidade ou não de bases normativas mais consistentes e representativas ordenando o tema? A judicialização de tal enfrentamento não retira a possibilidade de se aferir a opinião pública no particular?

(d) A decisão judicial de que não há necessidade de acordo ou convenção coletiva de trabalho para autorizar o funcionamento do comércio varejista aos domingos, tomada pela 3ª Turma do Tribunal Superior do Trabalho, nos autos do Recurso de Revista nº 116/2003-122-04-00.3, não afeta direito constitucional ao ócio que o Texto Político garante ao trabalhador, notadamente em face das pressões do mercado de trabalho e econômico para que se diminuam, cada vez mais, tais espaços de exercício de dignidade da pessoa humana? Esta matéria não se prestaria para um debate nacional pelas vias de comunicação e participação existentes?

(e) A questão que envolve decisão judicial sobre a alteração da ordem cronológica da lista de espera para transplantes de órgãos, em face da gravidade de cada caso, considerando que em nenhum momento o legislador estabeleceu que o critério de prioridade a ser eleito seria o cronológico, como acabou sendo adotado pelo Decreto nº 2.268/97, que regulamentou a Lei nº 9.434/97, e pela Portaria do Ministério da Saúde nº 3.407/98 (autos do processo nº 10524020543, 4ª Vara da Fazenda Pública, de Porto Alegre, RS). Este tema não ensejaria posicionamento da opinião pública em termos de regulação mais específica, em face inclusive do progressivo aumento do mercado internacional clandestino de órgãos e transplantes hoje existentes?

(f) O caso da Argüição de Descumprimento Fundamental de nº 54, provocada, em 17 de junho de 2005, pela Confederação Nacional dos Trabalhadores na Saúde (CNTS), indicando como vulnerados os arts. 1º, inc. IV (dignidade da pessoa humana), 5º, inc. II (princípio da legalidade, liberdade e autonomia da vontade), 6º, *caput*, e 196 (direito à saúde), todos da Constituição Federal, e, como a causar lesão a esses princípios, o conjunto normativo representado pelos arts. 124, 126 e 128, incs. I e II, do Código Penal, eis que, presente a antecipação terapêutica do parto no caso de feto anencéfalo e a possível glosa penal, postulou pronunciamento a conferir interpretação conforme a Carta da República das normas do Código Penal, afastando-as no caso de se constatar a existência de feto anencéfalo, de modo a viabilizar, com isso, a atuação médica interruptiva da gravidez. Não seria o caso aqui de um debate público e nacional sobre o tratamento a ser dado à matéria?

Por tudo isto, destacam-se o dever e a importância de a Jurisdição utilizar os meios disponíveis no âmbito de sua competência para que o processo da normatização jurídica se realize sob *condições de política deliberativa, que se fundem legitimamente.*[156] Destaca ainda o autor tedesco que, perante o legislador político, a Jurisdição não pode avocar o papel de crítico ou revisor ideológico do plexo normativo e dos comportamentos legislativos e administrativos do Estado, pelo simples fato de ele mesmo estar exposto à mesma suspeita ideológica, já que não se pode admitir que se encontre em um lugar neutro ou fora do processo político.[157]

Neste ponto, a matriz republicana tradicional (portanto não concebida a partir de uma teoria radical e procedimental da democracia) preconiza *um ativismo constitucional, porque a jurisprudência constitucional deve compensar o desnível existente entre o ideal republicano e a realidade constitucional,*[158] figurando a Jurisdição como guardiã de uma prática de autodeterminação silenciada pelas rotinas burocráticas e ilegítimas das formas de representação popular.

> "Como lugar-tenente republicano das liberdades positivas que os próprios cidadãos, enquanto portadores nomeados dessas liberdades, não podem exercer, o tribunal constitucional termina reassumindo o papel paternalista que Ely condena através de sua compreensão procedimentalista da constituição".[159]

---

[156] HABERMAS, *Direito e Democracia, op. cit.*, p. 340. Neste ponto, SUNSTEIN, Cass R. *After the rights revolution.* Cambridge: Mass, 1999, p. 172, sustenta que "Courts should develop interpretative strategies to promote deliberation in government – by, for example, remanding issues involving constitutionally sensitive interests or groups for reconsideration by the legislature or by regulatory agencies when deliberation appears to have been absent".

[157] Ibid., p. 343.

[158] Ibid., p. 343.

[159] Ibid., p. 344.

Ocorre que a perspectiva preconizada por Habermas neste debate é a de que a formação democrática da vontade política do social, transmutada às vias normativas (notadamente a constitucional), não tira sua força legitimadora da convergência preliminar de convicções éticas consuetudinárias, mas de pressupostos comunicativos e procedimentos que permitem, durante o processo deliberativo da política, o surgimento dos melhores argumentos e razões de justificação e fundamentação à deliberação eleita.[160]

Com tal debate, Habermas nega-se a discutir o tema do Tribunal Constitucional de forma abstrata, porque, *quando se entende a constituição como interpretação e configuração de um sistema de direitos que faz valer o nexo interno entre autonomia privada e pública, é bem-vinda uma jurisprudência constitucional ofensiva.*[161]

Todavia, mister é que se mantenha neste processo a idéia da política deliberativa, afastando dela, o quanto possível, situações que colocariam o Tribunal Constitucional assumindo o papel *de um regente que entra no lugar de um sucessor menor de idade. Sob os olhares críticos de uma esfera pública jurídica politizada – da cidadania que se transformou na "comunidade dos intérpretes da constituição" –, o Tribunal Constitucional pode assumir, no melhor dos casos, o papel de um tutor.*[162]

Nas palavras de Habermas, *um tribunal constitucional que se deixa conduzir por uma compreensão constitucional procedimental não precisa deixar a descoberto seu crédito*

---

[160] Cf. HABERMAS, *Direito e Democracia, op. cit.*, p. 345. Neste sentido, "a teoria do discurso rompe com uma concepção ética da autonomia do cidadão; por isto ela não precisa reservar o modo da política deliberativa a um estado de exceção".

[161] Ibid., p. 346. Insiste o autor na tese de que, em casos nos quais se trata da imposição do procedimento democrático e da forma deliberativa da formação política da opinião e da vontade, tal comportamento jurisdicional é até exigido normativamente.

[162] Ibid., p. 347. Habermas afirma, aqui, que tal jurisprudência, em situações de comprometimento das regras do jogo democrático, é inclusive exigida normativamente, o que Michelman nomina de garantidor de um *procedimental terms of the political process* (cf. MICHELMAN, Frank. How can the people ever make laws? A critique of deliberative democracy. In: BOHMAN, James; REIG, Willian. *Deliberative Democracy: essays on reason and politics*. Cambridge: MIT Press, 1997, p. 119).

de legitimação, podendo movimentar-se no interior das competências da aplicação do direito claramente determinado na lógica da argumentação – quando o processo democrático, que ele deve proteger, não é descrito como um estado de exceção.[163]

Significa dizer que, *em havendo um Estado Democrático de Direito associado a uma Sociedade Democrática de Direito* (pressuposto lógico-argumentativo de Habermas em todo o evolver deste estudo e definido previamente a partir da Teoria do Discurso e da Democracia Procedimental), a legitimidade da Jurisdição vai estar fundada exatamente no assecuramento das regras do jogo, resguardando a ação política da cidadania compromissada com o universo normativo axiológico e deontológico vigente, sob pena de usurpação autoritária e contingencial das vias e canais orgânicos que operam estas relações.[164]

Na verdade, como quer Michelman, *Habermas does not suppose that his proceduralism precludes a judicial-review institution much like the one we have, nor does Dworkin suppose that his substantive conception necessitates any such institution at all. Some other concern is evidently driving our authors' respective encounters with this particular substance/procedure distinction. I want to suggest that both encounters, Dworkin's no less than Habermas's, reflect desires, in the face of perceived difficulties, to find a place in liberal constitutional theory for the positive aspect of political freedom-the dimension of freedom that consists in authoring the laws you live by.*[165]

Em termos de Brasil, destaco algumas questões que estão sendo esgrimidas nos Tribunais e que levantam a problemática enfrentada neste ensaio sobre os limites da

---

[163] Cf. HABERMAS, *Direito e Democracia, op. cit.,* p. 346.

[164] Atente-se para o fato de que, numa compreensão procedimentalista da Constituição proposta por Habermas, há o pressuposto lógico-argumentativo da "crença no caráter intrinsicamente racional das condições procedimentais que apoiam a suposição de que o processo democrático, em sua totalidade, propicia resultados racionais" (Ibid., p. 354). Ver aqui o texto de HABERMAS, Jürgen. Reconciliation Through the Public Use of Reason: Remarks on John Rawlss Political Liberalism. Publicano no Journal of Philosophy 92. New York: New York Universitary Press, 1995, p. 128.

[165] MICHELMAN, Frank. *Democracy and Positive Liberty.* Boston Review, February/March, 2004, p. 52.

jurisdição em face de temas que possuem incisiva natureza política e que, em tese, estariam igualmente afetas à apreciação comunitária-representativa (Parlamento) ou mesmo na forma direta (plebiscito, referendo, consulta pública, etc.).

2.7. Conclusões

Desde 1970, quando Habermas publicou o ensaio *A Pretensão da Universalidade Hermenêutica*,[166] em que realiza um confronto crítico de debate entre o pensamento dialético e hermenêutico, ele já estava preocupado em assinalar que é o pensamento crítico-dialético que levanta a necessidade da reflexão, o que a hermenêutica gadameriana não leva às últimas conseqüências. Assim, hermenêutica e dialética não podem descartar a questão do método e do debate com as ciências humanas, isto porque a convergência entre filosofia e ciência ocorre ao nível da reflexão.[167]

A despeito disto, neste texto, Habermas reconhece a contribuição metodológica da hermenêutica filosófica, notadamente condizente com o fato de:

"– que o intérprete só pode esclarecer a significação de uma manifestação simbólica enquanto virtual participante do processo de entendimento dos par-

---

[166] Cf. HABERMAS, Jürgen. *A Pretensão da Universalidade Hermenêutica*. Lisboa: Edições 70, 1979.

[167] Para Habermas, a hermenêutica filosófica carece dessa reflexão. Assim, Gadamer erra quando identifica autoridade (tradição) com conhecimento, procurando reabilitar o preconceito a partir da estrutura preconceitual da compreensão; Habermas sustenta que Gadamer desconhece a força da reflexão que se desenvolve na compreensão. Segundo Gadamer, para Habermas, no que concordo, a história da atuação ou a tradição é, enquanto substancialidade, um acontecer de verdade que nos sobrevém além do nosso querer e nosso fazer. De modo que é nesse contexto que Habermas mostra como a hermenêutica pode esclarecer pela reflexão a relação com a autoridade e a tradição; a reflexão potencializa a compreensão; a razão clarifica a gênese da tradição da qual nasce a reflexão, impactando o dogmatismo da *praxis*. Nesse sentido, a tradição não é o passado que estanca o presente, mas que fecunda o desenvolvimento social, de modo que o pensamento crítico, em permanente processo de elaboração, afasta sempre a última palavra (concordando aqui com Gadamer), evitando incorrer em absolutizações e dogmatismos.

tícipes imediatos; – que o posicionamento perfomativo sem dúvida o vincula à pré-compreensão da situação hermenêutica inicial; – que, porém, esta vinculação não tem de prejudicar a validade de sua interpretação; – porque ele pode tornar útil para si a estrutura interna (*Binnenstruktur*) racional do agir orientado para o entendimento e para reivindicar reflexivamente a competência avaliadora de um participante responsável da comunicação, para por em relação sistematicamente o mundo da vida do autor e de seus contemporâneos com o seu próprio mundo-da-vida, e para reconstruir a significação do *interpretadum* como o conteúdo objetivo (*Sachgehalt*) pelo menos implicitamente avaliado de uma maneira criticável".[168]

Assim é que a hermenêutica proposta por Habermas afirma as condições históricas do trabalho do pensamento, a finitude, a exclusividade e a universalidade da razão humana, de modo que não há ponto de vista de fora sobre ela mesma. Mas o que ela tem a ver com o Direito?

Ocorre que uma teoria sobre a sociedade, sobretudo colocada em termos *comunicativos*, acaba esbarrando no conceito de Direito e no problema da aplicação. *Os filósofos que se preocupam com a praxis, acabam necessariamente se preocupando com o Direito, que é a colocação em prática das teorias político-filosóficas, e acabam se deparando, no fim das contas, com o problema hermenêutico.*[169]

No plano jurisdicional, estas reflexões têm trazido à tona a questão da validade comportamental das cortes não tanto em referência à lei, mas em face de temas e questões sociais que, em tese, por suas naturezas políti-

---

[168] Cf. HABERMAS, *A Pretensão da Universalidade Hermenêutica, op. cit.*, p. 29, o que afasta a tese de STRECK, *Jurisdição Constitucional, op. cit.*, p. 172, de que a teoria procedimentalista distancia-se do paradigma hermenêutico, porque se afasta tão-somente da matriz hermenêutica gadameriana, superando a questão da tradição pela via da interlocução não-coatada (incessante luta dos sujeitos comunicantes).
[169] Cf. ENCARNAÇÃO, João Bosco da. *Filosofia do Direito em Habermas: a hermenêutica.* Taubaté, São Paulo: Cabral Editora Universitária, 1997, p. 170.

cas, deveriam corresponder à competência do processo legislativo parlamentar, pela via dos mecanismos institucionais e competentes consectários (como se viu nos exemplos anteriores).[170]

Se for verdade que, ao menos em grande parte dos países de modernidade tardia e economia dependente, como o Brasil, o surgimento de um Judiciário promovedor de medidas sociais compensatórias e mesmo satisfativas para determinadas demandas individuais e coletivas revelou-se importante para assegurar o mínimo existencial configurador da dignidade da pessoa humana, é igualmente verossímil que tal comportamento não pode ser tomado como fórmula substitutiva e mesmo emancipadora dos demais poderes instituídos e de suas funções democráticas – inclusive no plano filosófico do seu significado –, eis que precisa ser cotejado no âmbito específico da idéia revisada de Democracia Representativa, ainda vigente no sistema político ocidental.[171]

Na verdade, o que está em jogo é saber dimensionar, neste particular, as diferenças constitutivas das atividades/funções legislativas e judicantes numa ordem democrática e os significados disto em termos de Democracia Representativa.

Numa Constituição que se pretende axiologicamente definida como Democrática, o plexo valorativo que contém autoriza por si só medidas e ações concretizadoras do modelo de sociedade que sinaliza por qualquer ator político? Ou ainda se mantêm determinadas regras de competência e autoridade institucionais em face das atribuições normativas que o próprio Texto Político confere a determinados agentes sociais? Tais regras devem ser interpretadas com que grau de independência e

---

[170] Vale a pena, neste sentido, ver PASCUAL, *op. cit.*

[171] Reforça esta idéia LEAL, Rosemiro Pereira, *op. cit.*, p. 29: "A escolha axiológica e personalíssima do bom ou deontológica do correto, a pretexto de que só o intérprete-aplicador de um direito de sua exclusiva compreensão teria voz audível pela sentença, desconhece que o provimento é um discurso suscetível a igual taciturnidade quando proferido à distância da lei, porque a voz do juiz, na Sociedade Jurídico-política de Direito Democrático, há de ser legífona e não autófona".

autonomia, ou em que medida podem ser violadas e por quem? Em que situações?

A princípio, não se pode fugir da premissa de que numa sociedade em que a comunicação política deve-se dar de forma autônoma, com mecanismos de visibilidade plana e includente, por óbvio que os institutos da Democracia Representativa modernos ganham força e relevo,[172] eis que, por exemplo, o Parlamento resgata sua dimensão de formulador das ações voltadas ao atendimento dos interesses comunitários (revisando, é lógico, o tempo e a forma de sua mobilidade e a resposta às demandas individuais e coletivas); o Executivo mantém-se adstrito às suas funções concretizadoras do projeto de vida eleito pela Sociedade (de igual maneira, revendo as formas de fazê-lo, a ponto de abrir o máximo possível os momentos de discussão, deliberação, constituição, execução e avaliação das políticas públicas que lhe dizem respeito); e o Judiciário opera sua condição republicana, no sentido de dar guarida às regras do jogo das ações e tensões vigentes no espaço público da vida cotidiana.[173]

Quando um destes Poderes de Estado falha em seus misteres, o próprio sistema jurídico nacional criou mecanismos de *check and balances*, autorizando que os demais Poderes realizem auto-correções ou correções externas nos atos violadores das normas que os vinculam. A medida e a intensidade desta falha capaz de chamar o controle externo corretivo vai ser dada pelo caso concreto, observando a real necessidade da intervenção perquirida de um no outro, da sua intensidade em face do caso, e da proporcionalidade empírica do seu resultado atinente ao todo envolvido, visando sempre a garantir o mínimo existencial consubstanciador da dignidade da pessoa humana, atingindo o menos possível as estruturas republicanas democráticas e representativas, eis que veiculadoras de institutos igualmente constitucionais.

---

[172] Neste sentido, sobre a importância da participação social na política, ver o texto de GENRO, Tarso. *Utopia possível.* Porto Alegre: Artes e Ofícios, 1995.
[173] Aqui ocorre o que Habermas chama de relação circular entre autonomia privada e autonomia pública, uma sendo reforçada/confirmada pela outra em movimento constante – e por vezes tenso (cf. HABERMAS, *Communication and the evolution of society, op. cit.*, p. 63).

Para tal raciocínio, estou a utilizar aqui o que Konrad Hesse chama de princípio da concordância prática ou da harmonização, o qual impõe ao intérprete do sistema jurídico que os bens constitucionalmente protegidos, em caso de conflito ou concorrência, devem ser tratados de maneira que a afirmação de um não implique o sacrifício do outro, o que só se alcança na aplicação ou na prática do texto.[174] Tal princípio parte exatamente da noção de que não há diferença hierárquica, ou de valor, entre os bens constitucionais; destarte, o resultado do ato interpretativo não pode ser o sacrifício total de uns em detrimento dos outros. Deve-se, na interpretação, procurar uma harmonização ou concordância prática entre os bens constitucionalmente tutelados.

Numa perspectiva integrada do sistema jurídico, estou a dizer, ainda com Hesse, que, na resolução dos problemas jurídico-constitucionais, deve-se dar prioridade às interpretações ou pontos de vista que favoreçam a integração política e social e possibilitem o reforço da unidade política que visa ao sistema como um todo, porquanto essas são as finalidades precípuas da Norma Fundamental.

Há que se estabelecer, então, um juízo de ponderação destes bens, valores e interesses, para se chegar a alguma conclusão sobre as condições e possibilidades de intervenção democrática da Jurisdição Constitucional e infraconstitucional no âmbito das relações societais. Para tanto, pretendo me valer de critérios constitucionalmente consagrados para a delimitação dos índices de fundamentalidade dos direitos, interesses e competências envolvidas, numa perspectiva de estabelecer entre eles juízos de ponderação deontológicos e axiológicos.

Na dicção de Robert Alexy, a especificidade desta ponderação pode se desdobrar em três aspectos funda-

---

[174] Cf. HESSE, Konrad. *A Força Normativa da Constituição*. Porto Alegre: Fabris, 2001, p. 119, em que se encontra a tese de que, na interpretação constitucional, deve-se dar primazia às soluções ou pontos de vista que, levando em conta os limites e pressupostos do texto constitucional, possibilitem a atualização de suas normas, garantindo-lhes eficácia e permanência constante.

mentais: a) *adequação*; b) *necessidade* (ou *exigibilidade*); c) *proporcionalidade em sentido estrito*. A *adequação* significa que o intérprete/aplicador do sistema jurídico deve identificar o meio adequado para a consecução dos objetivos pretendidos à sua intervenção. A *necessidade* (ou exigibilidade) significa que o meio escolhido não deve exceder os limites indispensáveis à conservação dos fins desejados tanto pelo sistema jurídico como um todo, como pela singularidade de cada caso concreto. A *proporcionalidade em sentido estrito* significa que o meio escolhido, no caso específico, deve-se mostrar como o mais vantajoso para a promoção do conjunto de valores, bens e interesses em jogo.[175]

Jonh Rawls e Cass Sunstein já advertiam sobre a necessidade de compreendermos os princípios constitucionais como normas de prioridade e de harmonização do sistema jurídico, eis que os primeiros conduzem a uma *hierarquia de princípios interpretativos*, enquanto os segundos, a um princípio de *conciliação* em caso de conflito prático, variando o grau de proteção da norma segundo a circunstâncias do caso a que se aplica.[176]

De igual sorte, os ensinamentos de Hart[177] vão nos chamar a atenção para o fato de que a decisão judicial, especialmente em assuntos constitucionais, envolve muitas vezes uma escolha entre valores morais, e não apenas entre um único princípio cardeal, pois é de todo impensável acreditar que quando o significado da lei não resulta claro, a resposta se encontra sempre na moralidade. Chegados a este ponto, os juízes terão de proceder de novo a uma escolha, que não é nem por isso arbitrária nem mecânica, mas conforme o sistema judicial, utilizando suas virtudes, quais sejam, a imparcialidade e a neutralidade na identificação das alternativas; a tomada em consideração do interesse de todos os que

---

[175] Ver, para tando, ALEXY, Robert. *Teoría de los Derechos Fundamentales*. Madrid: Centro de Estudios Constitucionales, 2000, p. 126.

[176] RAWLS, John. *A Theory of Justice*. New York: Columbia University Press, 2000, p. 82, bem como o texto *Political Liberalism*. New York: Columbia University Press, 2001, p. 173, 289, 294 ss.). SUNSTEIN, Cass R. *After the Rights Revolution*. Cambridge: Harvard University Press, 1990, p. 181, 186 ss.

[177] HART. H. L. A. *The Concept of Law*. Oxford: Clarendon Press, 1991, p. 203.

poderão por estas resultar afetados; e uma preocupação em estabelecer um princípio geral aceitável como base racional da decisão, sendo, porém, sempre possível uma concepção plural desses princípios.

Perante este quadro, para Hart, não resulta *demonstrado* que esta seja a única decisão correta, mas pode tornar-se aceitável na medida em que representa o produto racional de uma escolha imparcial e fundamentada. Nisto consiste a ponderação e o contrapeso que caracterizam o esforço da justiça em relação aos interesses contrapostos.

Na verdade, são as chamadas cláusulas abertas *(open-ended provisions)* da Constituição que oportunizam, diante de cada caso concreto, valorações de razoabilidade, adequação, proporcionalidade, tolerabilidade e, ainda, ao contrapeso de bens na espécie. Isso provoca, no limite, não uma hierarquia entre normas jurídicas, mas uma *coordenação entre as funções do Estado.*[178] Os limites destas funções em termos operacionais e decisionais é que formataram o centro de nossa preocupação neste texto.

Com base nestas reflexões e razões, penso que se devem revisar os limites da Jurisdição no Estado Democrático de Direito, não para excluir sua dimensão protetiva e concretizadora dos direitos e garantias fundamentais, mas apenas sopesar as instâncias, competências e formas legitimamente democráticas para viabilizá-la sem o risco demasiado de subtrair da Sociedade Civil oportunidades de manifestação e participação em temas que lhe digam respeito.

---

[178] Como quer Cristina Queiroz. *Interpretação Constitucional e Poder Judicial.* Coimbra: Coimbra Editora Ltda, 2000, p. 134. Ver neste sentido o trabalho de CANAS, Vitalino. *O princípio da proibição do excesso na Constituição: arqueologia e explicações,* in: Jorge Miranda (coord.), Perspectivas Constitucionais. Nos 20 Anos da Constituição de 1976, II. Coimbra: Coimbra Editora, 1997, p. 323.

Bibliografia

ALEXY, Robert. *Teoría de los Derechos Fundamentales*. Madrid: Centro de Estudios Constitucionales, 2000.

ARANGO, Rodolfo. *Derechos, Constitucionalismo y Democracia*. Colombia: Universidad Esternado de Colombia, 2004.

ARATÒ, Andrew. *Procedural Law and Civil Society: interpreting the radical democratic paradigm*. In: ROSENFELD, Michel; ARATÒ Andrew. *Habermas on law and democracy: critical excanges*. Los Angeles: University California Press, 2004.

AVRITZER, Leonardo. Cultura Política, atores sociais e democratização. *Revista Brasileira de Ciências Sociais*, n. 28, São Paulo, jun. 1995.

——. Teoria crítica e teoria democrática. In *Novos Estudos CEBRAP*, n. 53, São Paulo, mar. 1999.

AYALA, Vladimir R. Voluntariado Social, Incorporación Social y Solidaridad: Independencia, Interdependencia y Ambigüedades. In *Documentación Social*. *Revista de Estudios Sociales y de Sociología Aplicada*, 94, Jan.-Mar.: 141-56, 1994.

BARBOSA, Rui. *Comentários à Constituição Federal Brasileira*. São Paulo: Imprensa Oficial, 1929.

BENHABID, Seyla. *Democracy and Difference – contesting the Boundaries of the Politics*. New Jersey: Princeton Press, 1996.

BERCOVICI, Gilberto. *A Constituição Dirigente e a Crise da Teoria da Constituição*. Rio de Janeiro: Lumen Juris, 2003.

BICKEL, Alexander. *The Least Dangerous Branch: The Supreme Court at the Bar of Politics*. Indianapolis: Bobbs-Merrill, 1982.

BISCARETTI DI RUFFIA, Paolo. *Diritto Costitutional*. Milano: Versatto, 1987.

BÖCKENFÖRDE, Ernest-Wolfgang. Grundrechte als Grundstatznormen. Zur gegenwärtige Lage der Grundrechtsdogmatik,. In: E.-W. Böckenförde, "Staat, Verfassung, Demokratie. Studien zur Verfassungstheorie und zum Verfassungsrecht". Frankfurt: F. s/Meno, 1991.

BONAVIDES, Paulo. *Curso de Direito Constitucional*. São Paulo: Malheiros, 1996.

BORINO, Pablo Raúl. *El Imperio de la Interpretación: los fundamentos hermenéuticos de la teoría de Dworkin*. Madrid: Dykinson, 2003.

BORK, Robert H. *The Tempting of América. The Political Seduction of the Law*. Nova Iorque: The Free Press, 1990.

BOSCHI, Renato & DINIZ CERQUEIRA, Eli. *Estado e Sociedade no Brasil: uma revisão crítica*. In BIB, nº01, DADOS, nº15, p.12/31. Rio de Janeiro: Edipaz, 2002.

BRENNAN, Gerard. *Judicial Ethics in Australia*. Sidney: LBS, 1997.

CABELLERÍA, Marcus Vaquer. *La acción social: un estudio sobre la actualidad del Estado Social de Derecho*. Valencia: Instituto de Derecho Público, 2004.

CALHOUN, Crai (Org.). *Habermas and the Public Sphere*. Cambridge: MIT Press, 1996.

CANAS, Vitalino. O princípio da proibição do excesso na Constituição: arqueologia e explicações. In Jorge Miranda (coord.). *Perspectivas Constitucionais. Nos 20 Anos da Constituição de 1976, II*. Coimbra: Coimbra Editora, 1997.

CÁRCOVA, Carlos María. *Los jueces en la encrucijada: entre el decisionismo y la hermeneutica controlada*. In Revista Ajuris. Vol.68 – novembro. Porto Alegre: TJRS, 1996.

O Estado-Juiz na Democracia Contemporânea
UMA PERSPECTIVA PROCEDIMENTALISTA

CHAUÍ, Marilena. *Cultura e Democracia*. São Paulo: Cortez. 1989.

CITTADINO, Gisele. Judicialização da Política, Constitucionalismo Democrático e Separação dos Poderes. *In* VIANNA, Luiz Werneck. *A Democracia e os Três Poderes no Brasil*. Belo Horizonte: UFMG, 2002.

COMPARATO, Fábio Konder. Ensaio sobre o juízo de constitucionalidade de políticas públicas. *In* ATALIBA, Geraldo. *Direito Administrativo e Constitucional*. São Paulo: Malheiros, 1997.

CRISTIANI, Cláudio Valentim. O Direito no Brasil Colonial. *In* WOLKMER, Antônio Carlos. *Fundamentos da história do direito*. Belo Horizonte: Del Rey,1996.

DEMO, Pedro. *Cidadania Menor*. São Paulo: Autores Associados. 1995.

DENNINGER, Erhard. *Diritti dell'uomo e legge fondamentale*. Torino: Giappichelli, 2000.

DIAZ, Elias. *Estado de Derecho y Sociedad Democratica*. Madrid: Editorial Cuadernos para el Dialogo. 1995.

DINIZ, Eli. A reforma do Estado: uma nova perspectiva analítica. In: COELHO, Maria Francisca Pinheiro *et al*. (org.). *Política, ciência e cultura em Max Weber*. Brasília: Unb, 2002.

DWORKIN, Ronald. *Freedom's law – the moral reading of the American constitution*. Cambridge, Massachusetts: Harvard University Press, 1996.

——. The judge's new role: should personal convictions count? *Journal of International Criminal Justice*, v. 1, New York, mar. 2003.

ELY, John. *Democracy and Distrust*. Cambrigde: Harvard University Press, 2000.

ENCARNAÇÃO, João Bosco da. *Filosofia do Direito em Habermas: a hermenêutica*. Taubaté, São Paulo: Cabral Editora Universitária, 1997.

FANO, Enrico (Org.). *Trasformazioni e Crisi del Welfare State*. Piemonte: Donato, 1993.

FAORO, Raymundo. *Os Donos do Poder*. Rio de Janeiro: Globo, 1987.

FARIA, José Eduardo. *Direitos Humanos, Direitos Sociais e Justiça*. São Paulo: Malheiros. 1994.

——. *O poder Judiciário no Brasil: paradoxos, desafios e alternativas*. Brasília: Conselho da Justiça Federal, Centro de Estudos Judiciários, 1996.

——. *Justiça e Conflito*. São Paulo: Revista dos Tribunais, 1991.

FERRAJOLI, Luigi. *Diritto e Ragione: teoria Del garantismo penale*. Roma: Leterza, 1997.

——. El derecho como sistema de garantías. In Justicia Penal y Sociedad. *Revista Guatemalteca de Ciencias Penales*, año III, nº 05, agosto 1994.

——. El Estado Constitucional de Derecho hoy: el modelo y su diferencia con la realidad. In: IBAÑEZ, Andrés. *Corrupción y Estado de Derecho: el papel de la jurisdicción*. Madrid: Civitas, 1996.

GENRO, Tarso. *Utopia possível*. Porto Alegre: Artes e Ofícios, 1995.

——. *A questão democrática como questão da esquerda*. Texto inédito.

GOMEZ, José Maria. Surpresas de uma Crítica: a propósito de juristas repensando as relações entre o direito e o Estado. *In Crítica do Direito e do Estado*. Rio de Janeiro: Graal, 1984.

GONZALEZ, Florentino. *Lecciones de Derecho Constitucional*. Buenos Aires: Bourret, 1909.

GOYARD, Gustav Fabre. *Kant et le Problème du Droit*. Paris: Vrin, 1995.

HÄBERLE, Peter. El legislador de los derechos fundamentales. In: PINA, António Lopes *et al*. *La garantía constitucional de los derechos fundamentales*. Madrid: Civitas, 1991.

——. *Libertad, igualdad, fraternidad. 1789 como historia, actualidad y futuro del Estado Constitucional*. Madrid: Trotta, 1998.

——. *Hermenêutica Constitucional*. Porto Alegre: Fabris, 1997.

HABERMAS, Jürgen. *A Pretensão da Universalidade Hermenêutica*. Lisboa: Edições 70, 1979.

——. *Between facts and norms: contributions to a discourse theory of law and democracy*. Cambridge: MIT Press, 1998.

——. *Communication and the evolution of society*. Boston: Beacon, 1989.

——. *Consciência Moral e Agir Comunicativo*. Rio de Janeiro: Tempo Brasileiro, 1989.

——. *Direito e Democracia: entre faticidade e validade*. Rio de Janeiro: Tempo Brasileiro, 1997.

——. *Direito e Moral*. Lisboa: Instituto Piaget, 1986.

——. *Escritos sobre moralidad y eticidad.* Barcelona: Paidós, 2000.

——. *Interpretative Social Science x Hermeneuticism.* New York: Columbia University Press, 1983.

——. *Justification and application : remarks on discourse ethics.* Cambridge: MIT Press, 1995.

——. *L'Éthique de la discussion et la question de la vérité.* Paris: Grasset & Fasquelle, 2003.

——. *Mudança Estrutural da Esfera Pública: investigações quanto a uma categoria da sociedade burguesa.* Rio de Janeiro: Tempo Brasileiro, 1984.

——. *Novas reflexões sobre a ética do discurso.* In Estudos Avançados (USP-SP, 3(7): 4-19) set./dez. 1989.

——. Postscript to Between Facts and Norms. *New York University Law Journal*, E. 154, New York University Press, sep. 2004.

——. Reconciliation Through the Public Use of Reason: Remarks on John Rawls's Political Liberalism. Publicado no *Journal of Philosophy 92.* New York: New York Universitary Press, 1995.

——. *Tanner Lectures on Human Values.* New York: New York University Press, 1986.

——. *The Structural Transformation of the Public Sphere.* Boston: Harvard, 1991.

HARRINGTON, Austin. *Hermeneutic dialogue and social science: a critique of Gadamer and Habermas.* New York: Routledge, 2001.

HART. H. L. A. *The Concept of Law.* Oxford: Clarendon Press, 1991.

HELLER, Hermann. *Teoría del Estado.* México: Fondo de Cultura Económica, 1999.

HENKIN, Louis. *Infability under Law: Constitutional Balancing.* In: 78 Columbia Law Review, 1978.

——. *The Rise of Modern Judicial Review. From Constitutional Interpretation to Judge-Made Law.* Nova Iorque: Macklumann, 2004.

HESSE, Konrad. *A Força Normativa da Constituição.* Porto Alegre: Fabris, 2001.

JACOB, Pedro. *Movimentos Sociais e Políticas Públicas.* São Paulo: Cortez, 1993.

JAMES, Erold (Ed.) *The Nonprofit Sector in International Perspective: Studies in Comparative Culture and Policy.* New York: Oxford University Press, 1989.

KANT, Imanuel. *Metafísica de las Costumbres.* Madrid; Sigloveinteuno, 1990.

——. *Princípios metafísicos de la doctrina del derecho.* México: Unam, 1988.

KLUGER'S, Richard. *The history of Brown v. Board of Education and Black America's Struggle for Equality.* New York: Vaden, 1996.

KOSIMA, José Wanderlei. *Instituições, Retórica e Bacharelismo no Brasil.* In WOLKMER, Antônio Carlos. *Fundamentos da história do direito.* Belo Horizonte: Del Rey,1996.

LACERDA, Galeno. *O juiz e a justiça no Brasil.* In AJURIS, vol.53, Porto Alegre: RTJRGS, 1991.

LEAL, Hamilton. *História das Instituições Políticas do Brasil.* São Paulo: Companhia Editora Nacional, 1962.

LEAL, Rogério Gesta. *Hermenêutica e Direito.* 4º edição. Santa Cruz do Sul: Edunisc, 2003.

——. *Perspectivas Hermenêuticas dos Direitos Humanos e Fundamentais no Brasil.* Porto Alegre: Livraria do Advogado, 2002.

——. *Hermenêutica e Direito: considerações sobre a Teoria do Direito e os Operadores Jurídicos no Brasil.* Santa Cruz do Sul: Edunisc, 2004.

——. O Controle da Administração Pública no Brasil: anotações críticas. *Revista de Direito Administrativo e Constitucional,* v. 20, Belo Horizonte, abr./jun. 2005.

——. Possíveis dimensões jurídico-políticas locais dos direitos civis de participação social no âmbito da gestão dos interesses públicos. *Revista Direitos Sociais e Políticas Públicas,* n. IV, Santa Cruz do Sul, 2004.

——. *Sociedade, Estado e Administração Pública no Brasil: novos paradigmas.* Porto Alegre: Livraria do Advogado, 2006.

——. Teoria do Estado: cidadania e poder político na modernidade. 2ª edição. Porto Alegre: Livraria do Advogado, 2001.

LEAL, Rosemiro Pereira. *Processo e Hermenêutica Constitucional a partir do Estado de Direito Democrático. Revista do Curso de Direito da Faculdade de Ciências Humanas –* FUMEC, v. 6, Belo Horizonte, 2003.

LEÃO, E. *A Realidade Vigente na Administração de Tribunais.* In: LEÃO, E. (Org.) *Qualidade na Justiça.* São Paulo: INQJ, 2004.

LEFORT, Claude. *Essais sur le politique – XIX-XX siècles.* Paris: Librairie Arthème Fayard.1984.

LEME, Ernesto de Moares. *A intervenção federal nos Estados.* São Paulo: Revista dos Tribunais, 1948.

LOEWENSTEIN, Karl. *Teoria de la Constitución.* Barcelona: Ariel, 1987.

LUÑO, Antonio-Enrique Pérez. *La Universalidad de los Derechos Humanos y el Estado Constitucional.* Colombia: Universidad Externado de Colombia, 2002.

MALBERG, R. Carre de. *Teoria General del Estado.* México: Fondo de Cultura Económica, 1948.

MAUS, Ingeborg. O Judiciário como superego da sociedade: o papel da atividade jurisprudencial na sociedade órfã. *In Novos Estudos CEPRAB.* Vol.58. São Paulo, novembro de 2000.

MEAD, Hary G. *The Language of Morals.* London: Oxford, 1990.

MELLO, Oswaldo Aranha Bandeira de. *A teoria das constituições rígidas.* São Paulo: José Bushatsky Editor, 1980.

MICHELMAN, Frank. *Democracy and Positive Liberty.* Boston Review, February/March, 2004.

——. How can the people ever make laws? A critique of deliberative democracy. In: BOHMAN, James; REIG, Willian. *Deliberative Democracy: essays on reason and politics.* Cambridge: MIT Press, 1997.

——. Political Truth and the Rule of Law. *Harvard Law Review, v. 114*, Cambridge, 1988.

MORA MORA, Luiz Paulino. *Notas sobre o Poder Judiciário.* Disponível em http://www. stf.gov.br/institucional/enaj/discursoCostaRica.asp, acesso em 13/04/2006.

MORAIS, José Luis Bolzan de. *Do Direito Social aos Interesses Transindividuais.* Porto Alegre, 1996.

——. *Crises do Estado e da Constituição e a transformação espacial dos Direitos Humanos.* Porto Alegre: Livraria do Advogado, 2002.

——. *O Estado e suas Crises.* Porto Alegre: Livraria do Advogado, 2005.

MOTTA, P. R. M. *Gestão contemporânea: a ciência e a arte de ser dirigente.* Rio de Janeiro: Record, 1996.

MÜLLER, Friedrich. *Métodos de trabalho do Direito Constitucional.* Porto Alegre: Síntese, 1999.

——. *Quem é o povo? A questão fundamental da democracia.* São Paulo: Max Limonad, 1998.

MYRDAL, Gunnar. *El Estado del Futuro.* México: Fondo de Cultura Económica, 1961.

NALINI, J. R. Os Três Eixos da Reforma do Judiciário. *Revista do Advogado*, São Paulo, n. 75, p. 67-72, abr. 2004.

NEGRI, Toni. *Revolution Retrieved.* London: Red Notes, 1998.

OLLERO, Carlos. *Introducción al Derecho Político: las consideraciones científicas de las relaciones entre sociedad y Estado.* Madrid: Nacional, 1995.

OST, François. *Júpiter, Hércules y Hermes: Tres Modelos de Jueces*, em "Doxa", nº 14, Alicante, 1993.

OUTHWAITE, William. *Habermas: a critical introduction.* New York: Polity Press, 2004.

PASCUAL, Carlo García. *Legitimidad Democrática y Poder Judicial.* Valencia: E. Alfons el Magnánin, 2001.

PHILLIPS, Armand. *Democracy and Difference.* Cambridge: Polity Press, 2000.

PINTO, Céli Regina Jardim. *Democracia representativa versus democracia participativa: um debate oportuno em ano de eleições municipais.* (inédito – cópia xerografada).

POST, Robert. *The social foundations of privacy: community and self in the Common Law Tort.* Boston: Harvard University Press, 2004.

PUGGINA, Márcio Oliveira. Deontologia, Magistratura e Alienação. In *AJURIS*, vol.59. Porto Alegre: RTJRGS, 1993.

QUEIROZ, Cristina M. M. *Direitos Fundamentais* (Teoria Geral). Faculdade de Direito da Universidade do Porto: Coimbra, 2002.

———. *Direitos Fundamentais* (Teoria Geral). Faculdade de Direito da Universidade do Porto: Coimbra, 2002.

———. *Interpretação Constitucional e Poder Judicial.* Coimbra: Coimbra Editora Ltda, 2000.

RASMUSSEN, David. M. *Habermas, Modernity and Law.* London: Sage Publications, 2005.

RAWLS, John. *A Theory of Justicy.* New York: Columbia University Press, 2000.

———. *Political Liberalism.* Nova Iorque: Columbia University Press, 1993.

RENAULT, S.R.T. *O Poder Judiciário e os Rumos da Reforma. Revista do Advogado,* São Paulo, n. 75, p. 96-103, abr. 2004.

ROSENFELD, Michel. Can Rights, Democracy and Justice be reconciled through discourse theory? Reflections on Habermas's proceduralist paradigm of law. In: *ROSENFELD, Michel; ARATÒ Andrew. Habermas on law and democracy: critical excanges.* Los Angeles: University California Press, 2004.

RUGGIERO, Guido de. *Historia del liberalismo europeo.* Madrid: Pegaso, 2001.

SAAVEDRA, Modesto. Interpretacción Judicial del Derecho y Democracia. *In Revista Ajuris.* Vol.68 – novembro. Porto Alegre: TJRS, 1996.

SANDULLI, Armando Mantinni. *Stato di Diritto e Stato Sociale.* Napoli: Giappichelli, 2004.

SANTOS, Boaventura de Sousa. *A sociologia dos tribunais e a democratização da justiça.* São Paulo: Cortez, 1995.

SARLET. Ingo W. *A Eficacia dos Direitos Fundamentais.* Porto Alegre: Livraria do Advogado, 2006.

———. *Dignidade da pessoa humana e Direitos Fundamentais na Constituição Federal de 1988.* Porto Alegre: Livraria do Advogado, 2004.

SCHMITT, Carl. *Teoria de la Constitutición.* Madrid: Editorial Revista de Derecho Privado, 1947.

SERRANO, Rafael de Agapito. *Estado Constitucional y Processo Político.* Salamanca: Universidad de Salamanca, 1999.

SHAPIRO, I.; HACKER-CORDÓN, C. *Democracy's Edges.* Cambridge: Cambridge University Press, 1999.

SILVEIRA, José Néri. *A função do Juiz.* In AJURIS, vol. 54. Porto Alegre: RTJRGS, 1992.

SMEND, Rudolph. *Constitución y Derecho Constitucional.* Madrid: Centro de Estudios Constucionales, 1985.

SPIRO, Peter. *The Judiciary and Legislation: on the role and legitimacy of Constitutional Adjudication.* New York: Westview Press, 2005.

STRECK, Lenio Luiz. *Hermenêutica Jurídica e(m) crise.* Porto Alegre: Livraria do Advogado, 2004.

———. *Jurisdição Constitucional.* 2. ed. Rio de Janeiro: Forense, 2004.

SUNSTEIN, Cass R. *After the Rights Revolution.* Cambridge: Harvard University Press, 1990.

TARUFFO, Michele. *La prova dei fatti giuridici.* Milano: Giuffrè, 2000.

TENZER, Nicolas. *La societè dépolitisée: essai sur lês fondements de la politique.* Paris: Presses Universitaires de France, 1998.

TREND, David. (Org.). *Radical Democracy.* London: Routledge, 1995.

TRIBE, Laurence H. *Constitutional Choices.* Cambridge: Harvard University Press, 1985.

VANOSSI, Jorge Roberto. *El Estado de Derecho en el constitucionalismo social.* Buenos Aires: Eudeba, 2000.

VENANCIO FILHO, Alberto. *Das Arcadas ao Bacharelismo.* São Paulo: Perspectiva, 1982.

VERDROSS, Alfred. *La filosofía del derecho del mundo occidental.* México: Universidad Nacional Autónoma de México, 1982.

VIEIRA, Liszt. *Os Argonautas da Cidadania.* Rio de Janeiro: Record, 2001.

WEBER, Max. *Dominação.* In F. H. Cardoso e C. E. Martins (orgs.) *Política e Sociedade,* vol. 1, São Paulo: Cia. Editora Nacional, 1983.

———. *Sociology of Law.* Chicago: Borthold Press, 1999.

——. La institución estatal racional y los partidos políticos y parlamentos modernos. *In Economia y Sociedad.* México: Fondo de Cultura Económica, 1969.

——. Os Três Tipos Puros de Dominação Legítima. In Max Weber. *Metodologia das Ciências Sociais*, vol. 2, São Paulo/Campinas: Cortez/Editora da Unicamp, 1992.

WOLKMER, Antônio Carlos. *Fundamentos da história do direito.* Belo Horizonte: Del Rey, 1996.

ZOLO, Danilo. *Democracia y Complejidad*: un enfoque realista. In Nueva Visión, vol. IV. Buenos Aires: Aidos, 1994.